쉽고 재미있게
생각하는 연산!

연산력 수학

노크

A4
(6~7세)

1부터 100까지의 수

똑!똑! 연산력 수학
노크의 구성

연산 학습 ▶ 하루에 4쪽씩 한 가지 주제를 학습합니다.

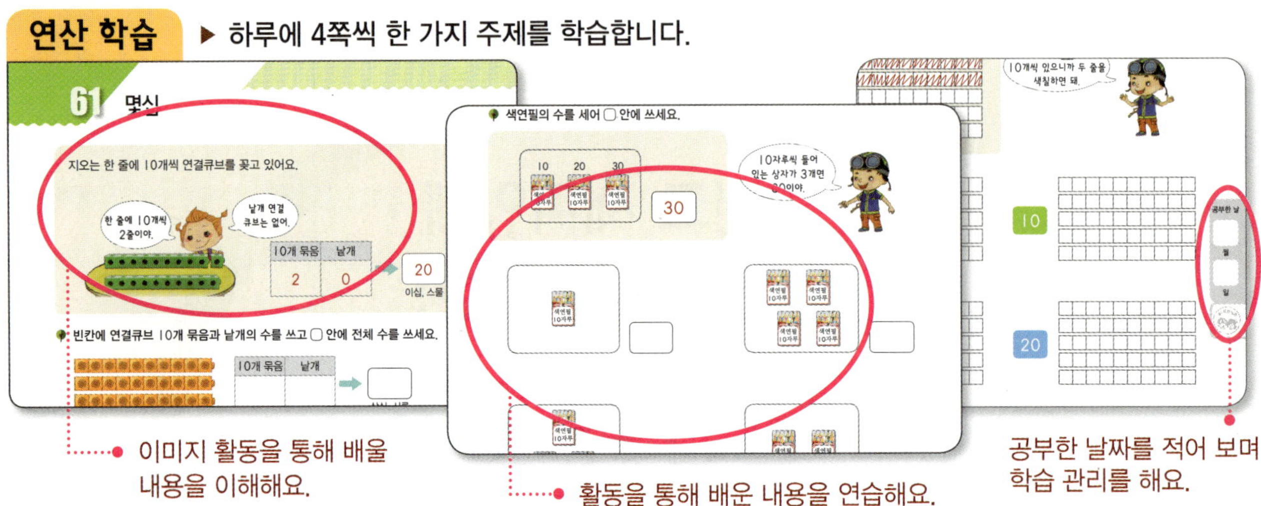

이미지 활동을 통해 배울 내용을 이해해요.

활동을 통해 배운 내용을 연습해요.

공부한 날짜를 적어 보며 학습 관리를 해요.

평가 ▶ 배웠던 주제를 평가해 봅니다.

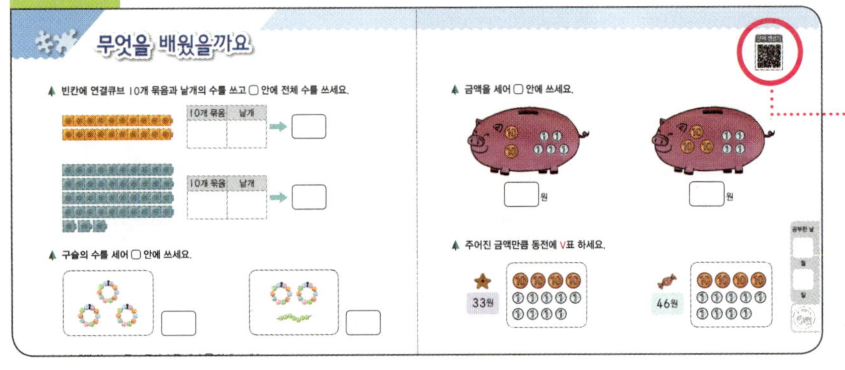

"문제 생성기" QR코드를 이용하면 여러 문제를 더 풀어 볼 수 있어요.

연산 보충 학습 ▶ 연산 학습의 부족한 부분을 연습합니다.

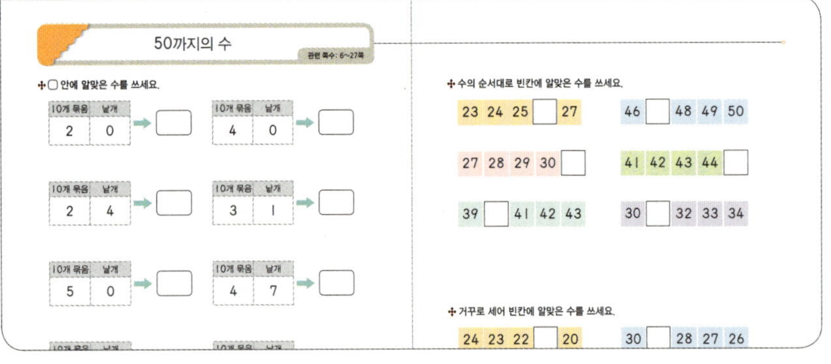

각 주제별로 학습했던 연산 학습 중 연습이 더 필요한 부분을 본책 맨 뒤에서 제공합니다.
해당 연산 학습을 끝낸 후에 사용하세요.

연산력 수학 노크만의 스마트 학습

문제 생성기

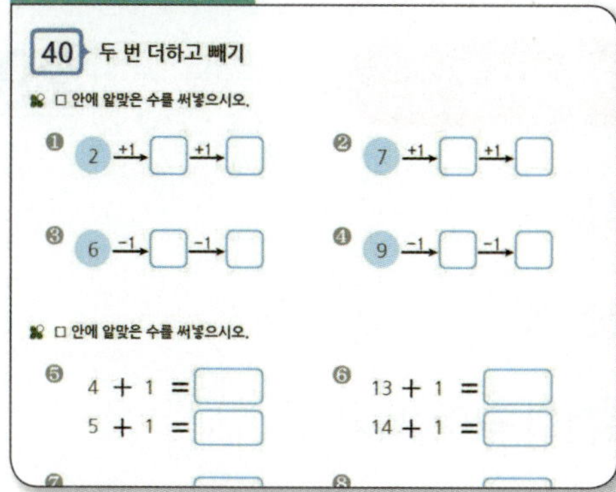

"무엇을 배웠을까요"를 풀고 난 후 QR코드를 찍어 보세요.
새로운 문제들이 계속 생성됩니다.
출력하여 사용하세요.

연산력 게임

"연산력 게임" 코너에 있는 QR코드를 찍어 보세요.
연산 학습과 연계된 재미있는 연산력 게임을 할 수 있습니다.

연산력 수학 노크에 나오는 친구들을 소개해요!!

모험가 친구들

지오
호기심 공주

태경
활동파 리더

마법사 멀린과 수학 요정

마법사 멀린

꼬마 요괴

따소리　**한입**　**장난**　**딴짓**　**멍하니**　**잠만자**　**울보**　**거꾸로**

차례

50까지의 수

▶ 연산 보충 학습(102~103쪽)에서 더 풀어 보세요.

학부모 지도 가이드

이번 차시에서는 1부터 50까지의 수를 배웁니다. 20까지의 수를 배운 것을 기초로 하여 10개 묶음 세기 연습을 하면서 수 감각을 길러 주세요. 묶음 세기 연습을 통하여 수의 개념을 알게 되면 수를 구조적으로 익힐 수 있습니다.

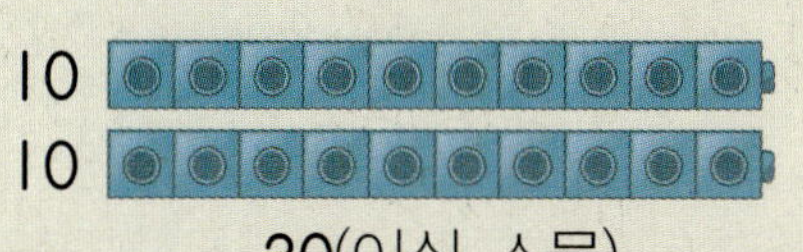

20(이십, 스물)

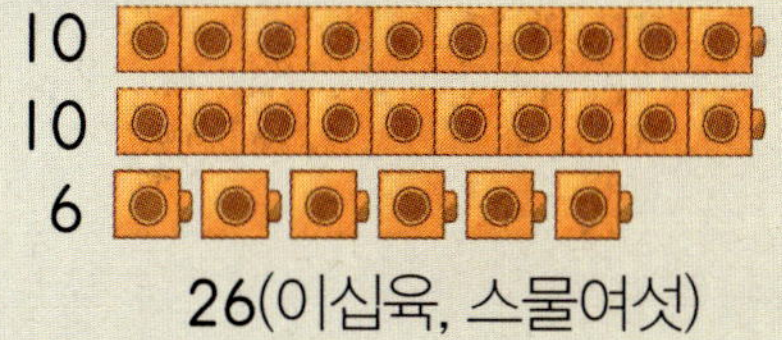

26(이십육, 스물여섯)

10개 묶음	낱개
2	0

20

이십, 스물

🌳 빈칸에 연결큐브 10개 묶음과 낱개의 수를 쓰고 ⬚ 안에 전체 수를 쓰세요.

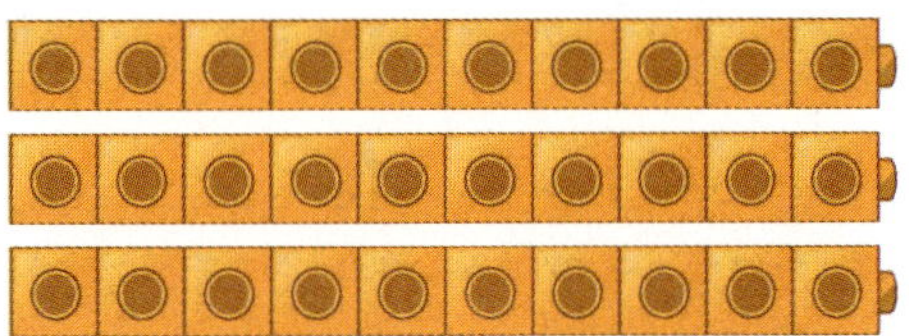

10개 묶음	낱개

삼십, 서른

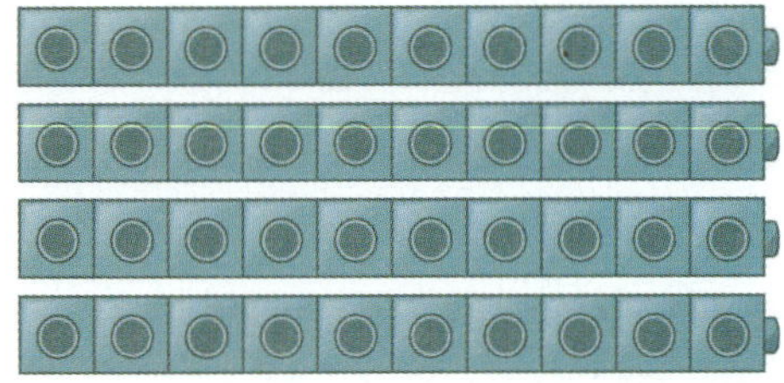

10개 묶음	낱개

사십, 마흔

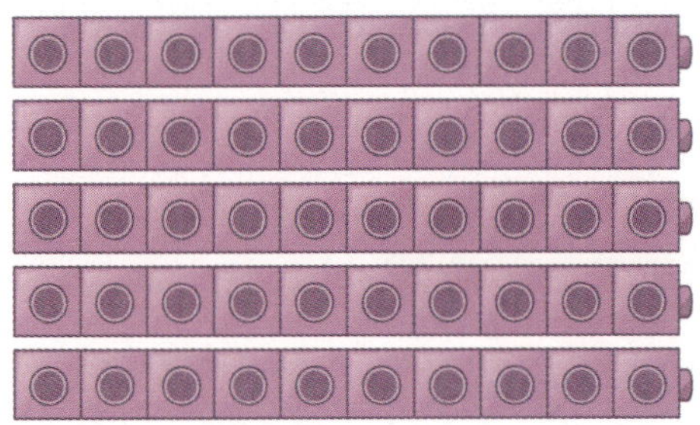

10개 묶음	낱개

오십, 쉰

🌱 **색연필의 수를 세어 ▢ 안에 쓰세요.**

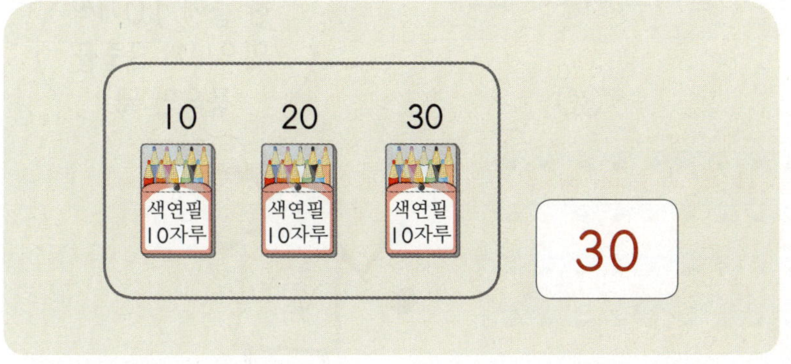

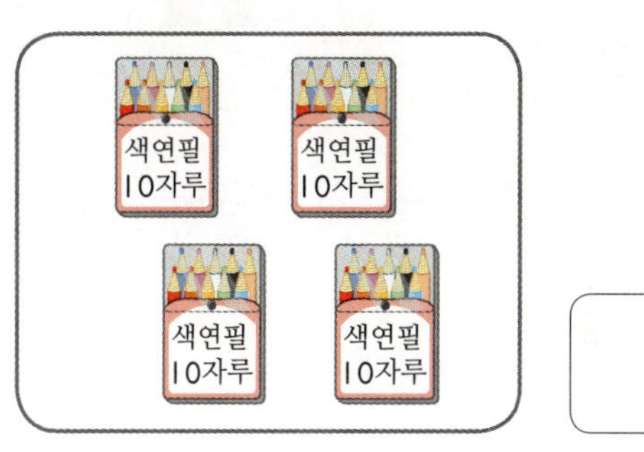

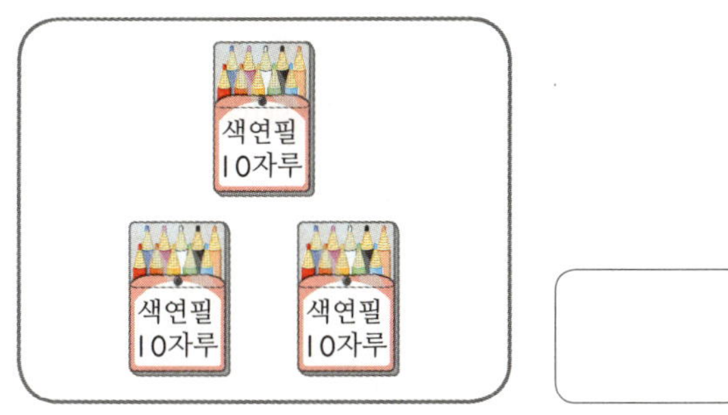

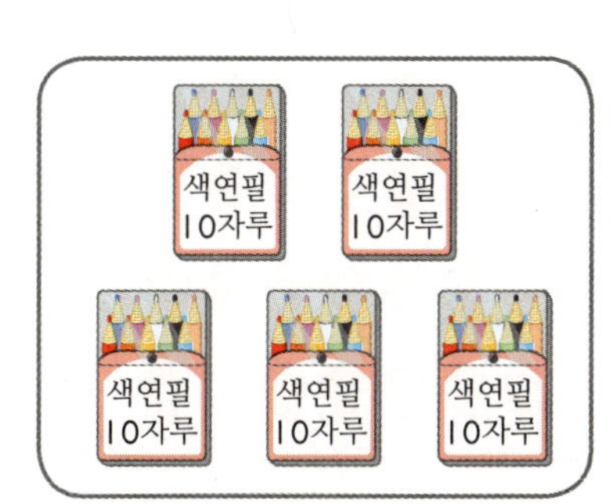

🌳 주어진 수만큼 선으로 묶으세요.

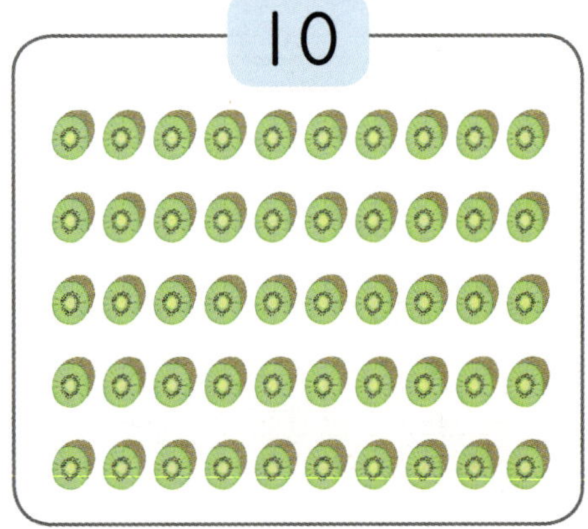

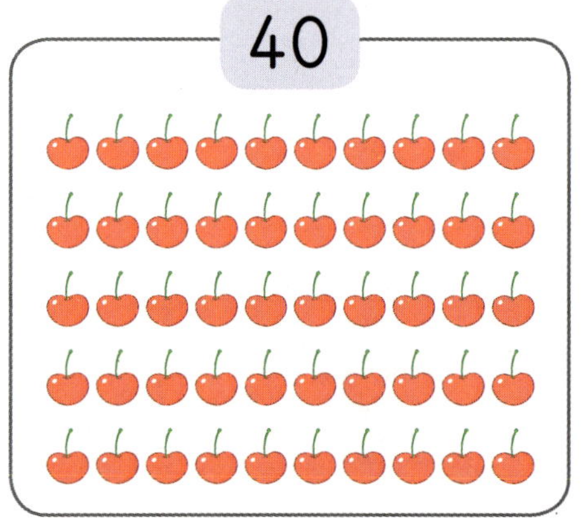

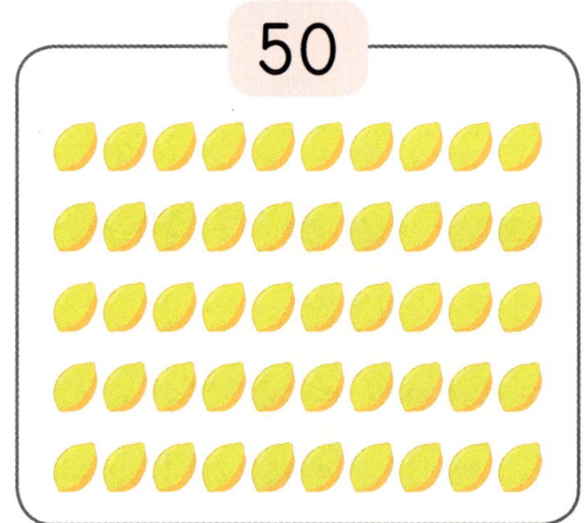

20

30

10

40

20

50

30

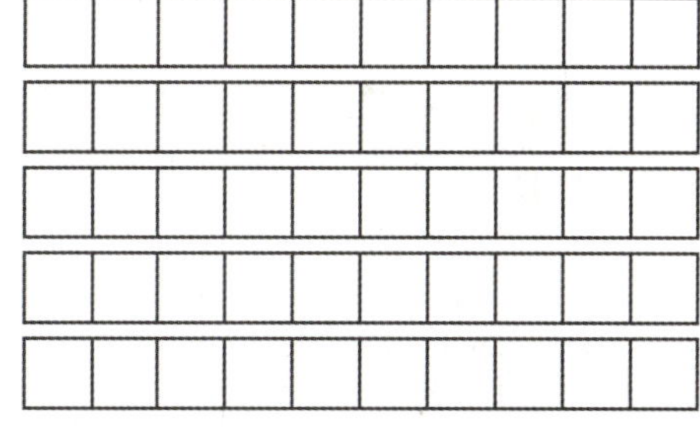

몇십 몇

태경이는 10개씩 연결된 연결큐브와 낱개 연결큐브가 모두 몇인지 알아보고 있어요.

10개 묶음	낱개
2	4

→ 24

이십사, 스물넷

🌱 빈칸에 연결큐브 10개 묶음과 낱개의 수를 쓰고 ⬜ 안에 전체 수를 쓰세요.

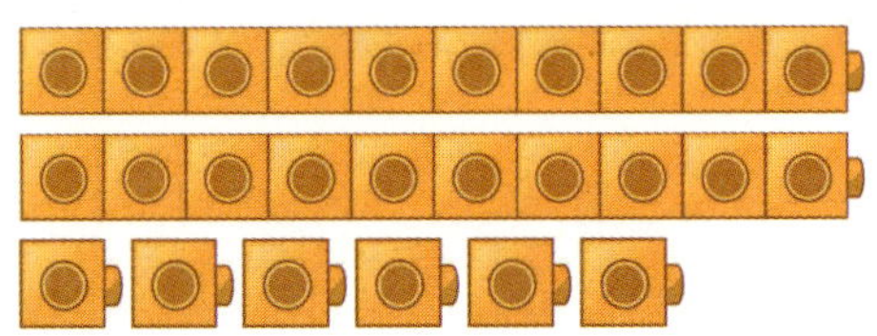

10개 묶음	낱개

→ ⬜

이십육, 스물여섯

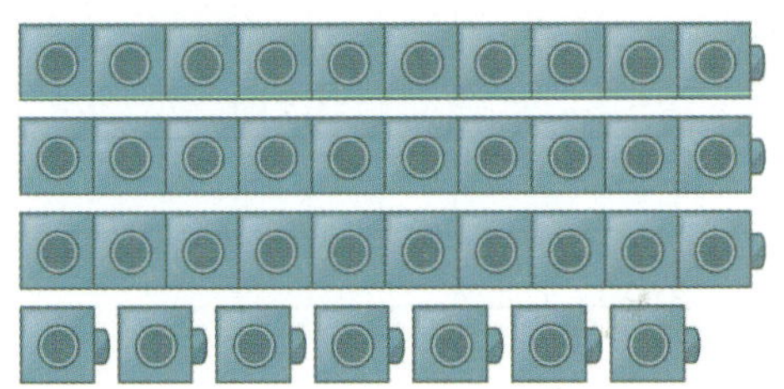

10개 묶음	낱개

→ ⬜

삼십칠, 서른일곱

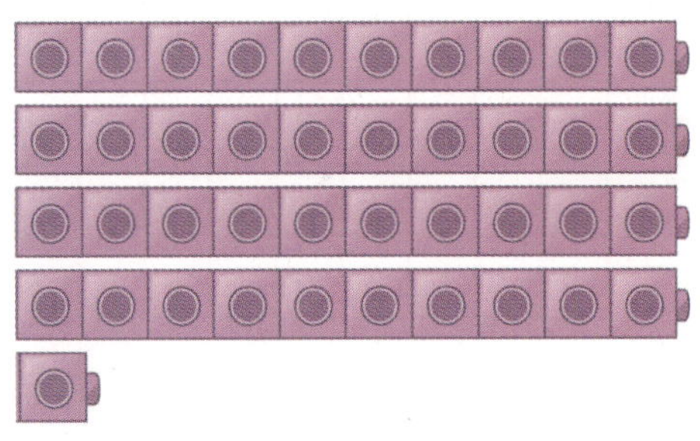

10개 묶음	낱개

→ ⬜

사십일, 마흔하나

10 20 30
31 32 33 34
34
10개 묶음이 3개,
낱개가 4개면 34

태경이와 지오는 구슬의 수를 알아보고 있어요.

● 공의 수를 세어 ☐ 안에 쓰세요.

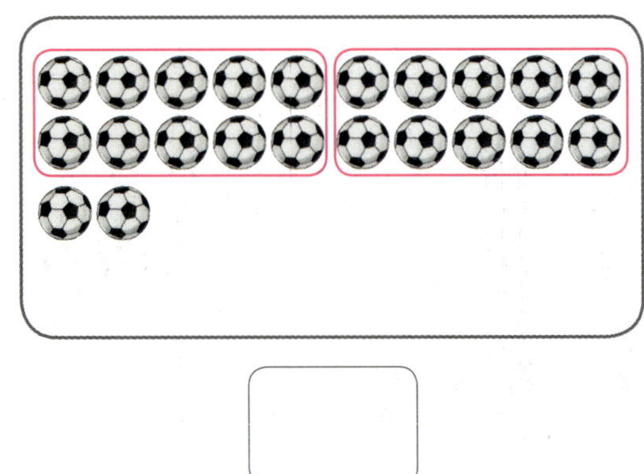

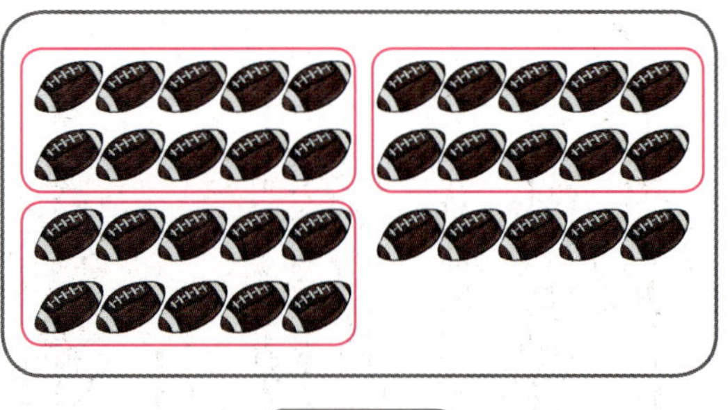

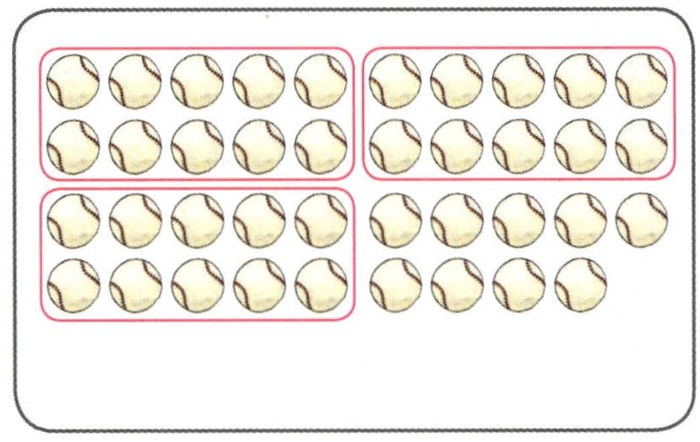

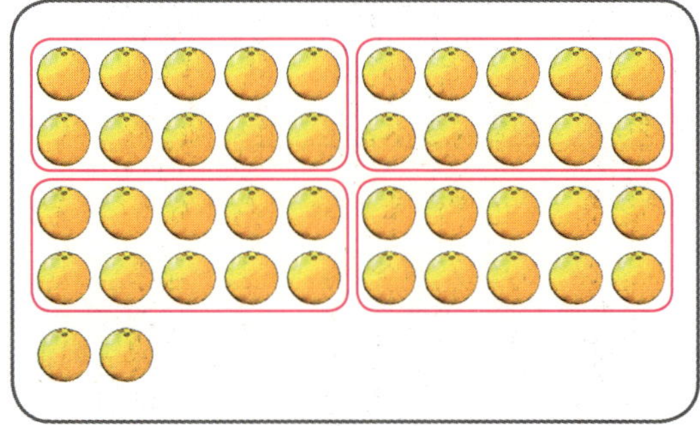

🌿 **I0개씩 선으로 묶고 물건의 수를 세어 ☐ 안에 쓰세요.**

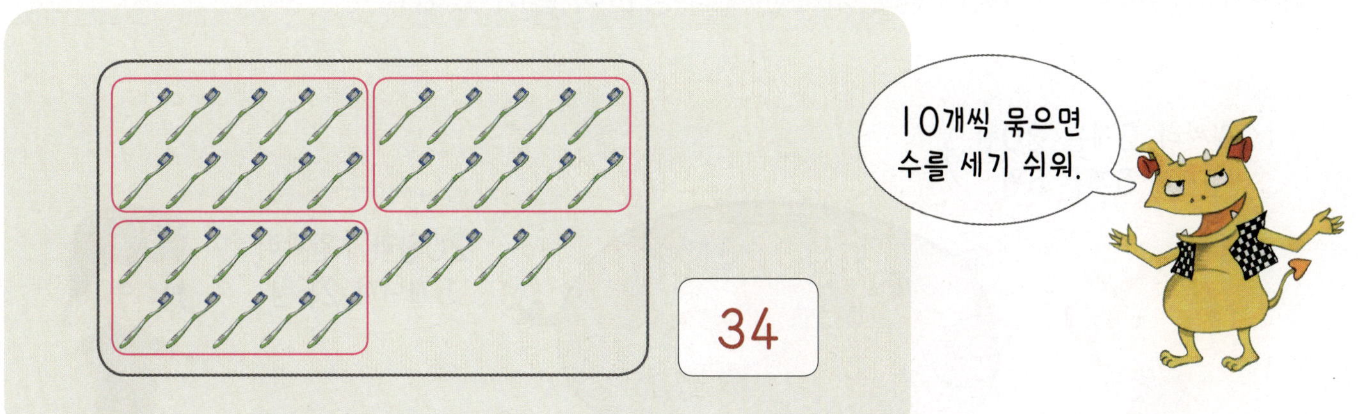

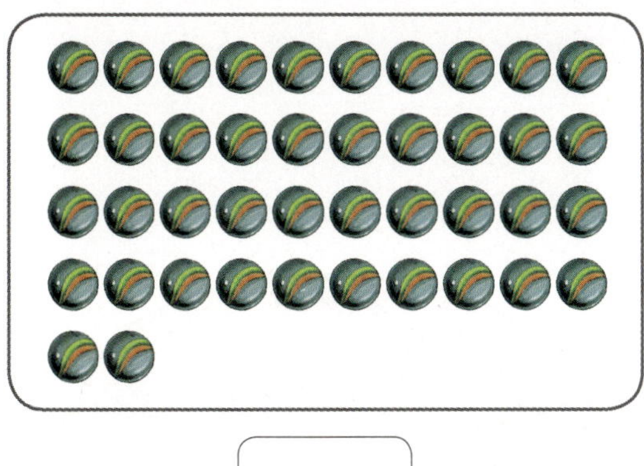

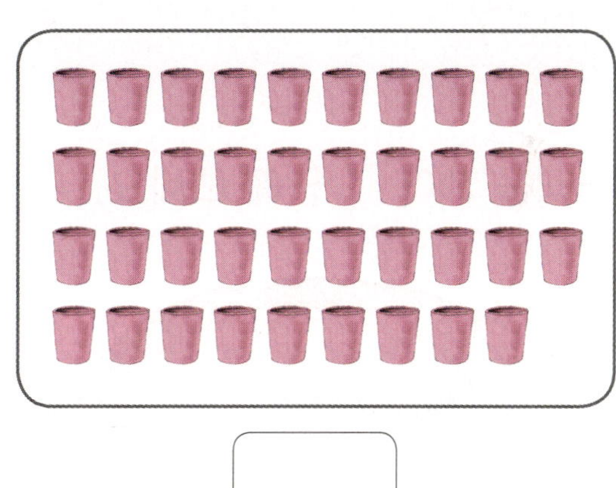

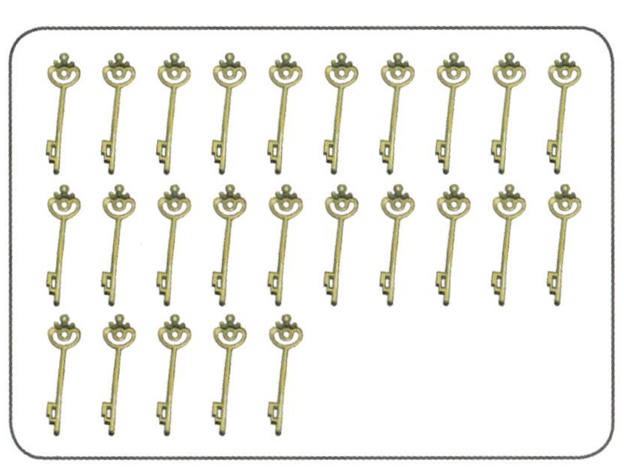

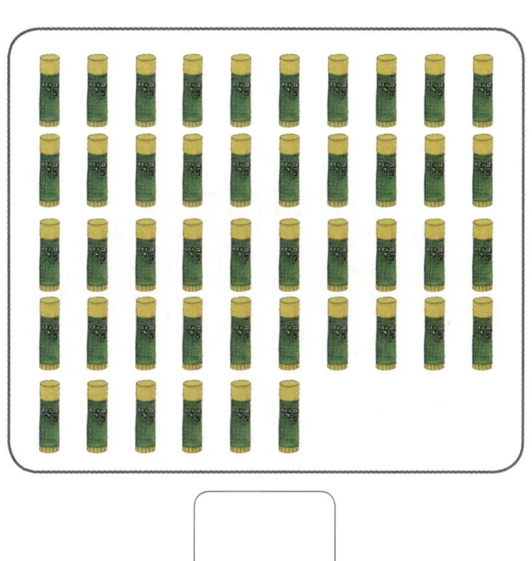

동전의 금액 세기

🌳 금액을 세어 ⬜ 안에 쓰세요.

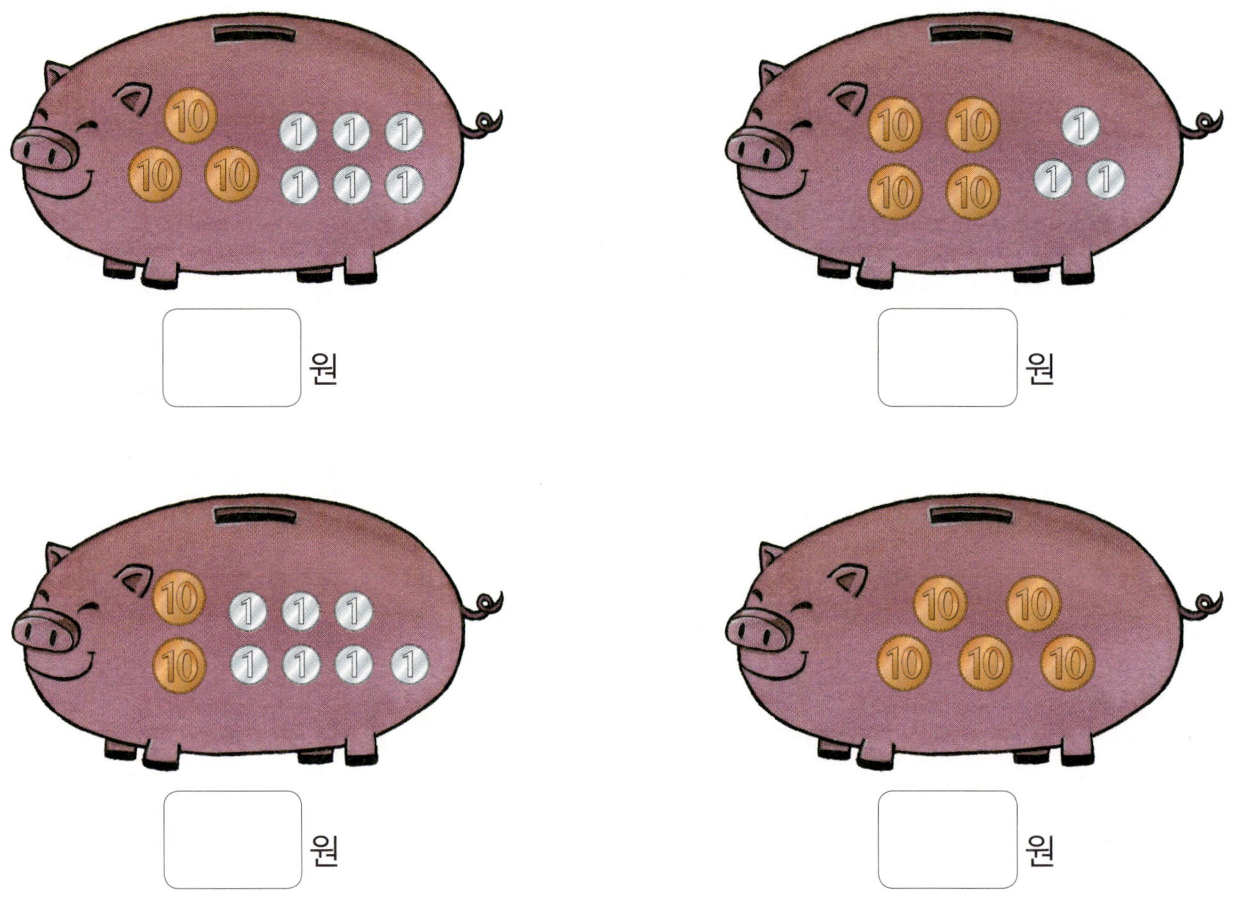

금액을 세어 ☐ 안에 쓰세요.

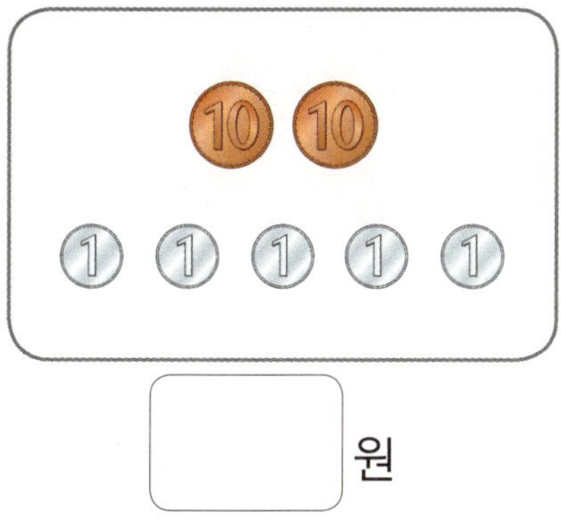

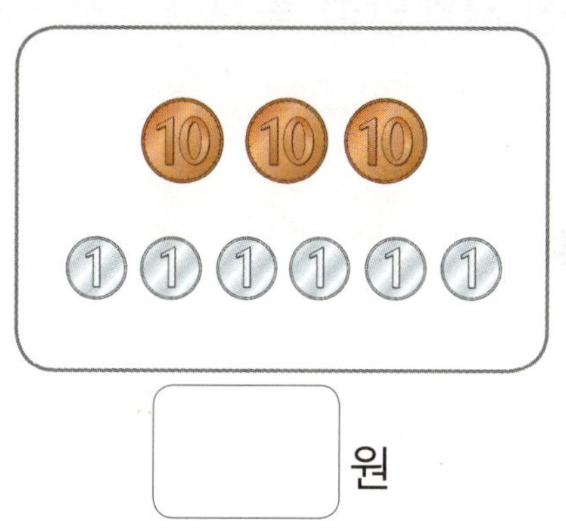

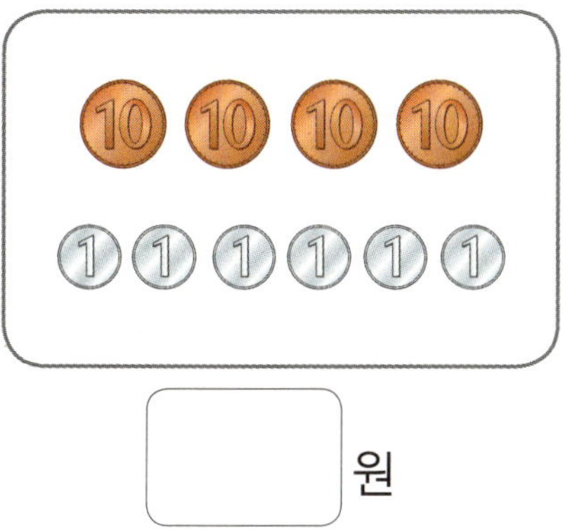

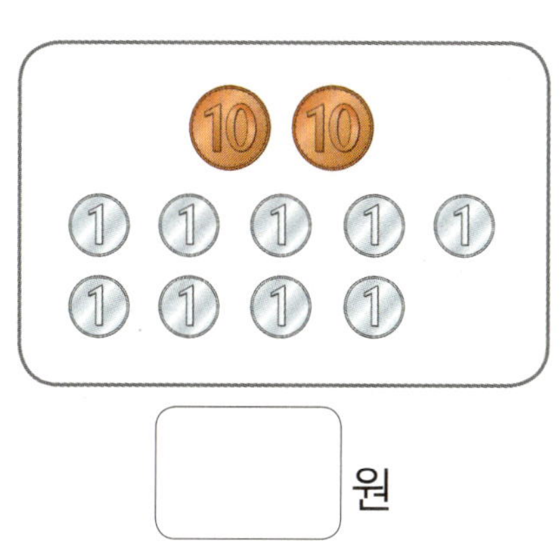

우유를 사려면 동전이 얼마나 필요한지 알아보려고 해요.

주어진 금액만큼 동전에 V표 하세요.

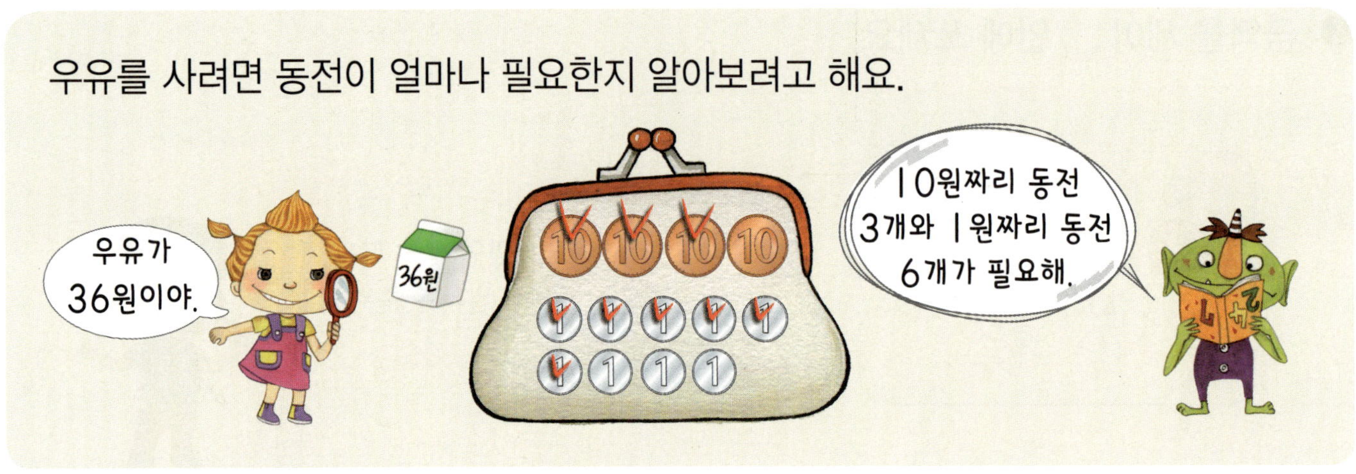

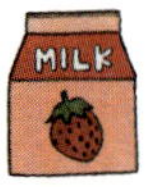

35원
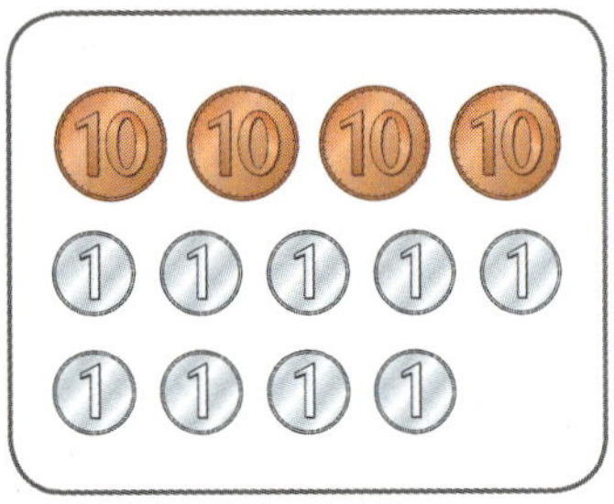

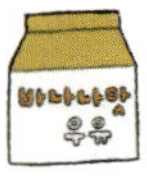
23원
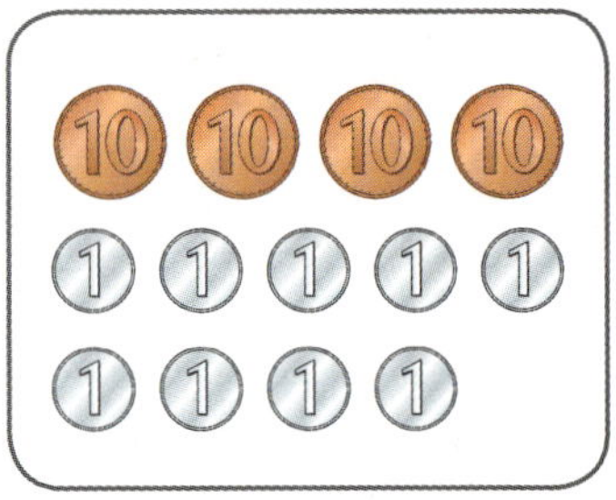

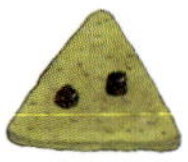
28원
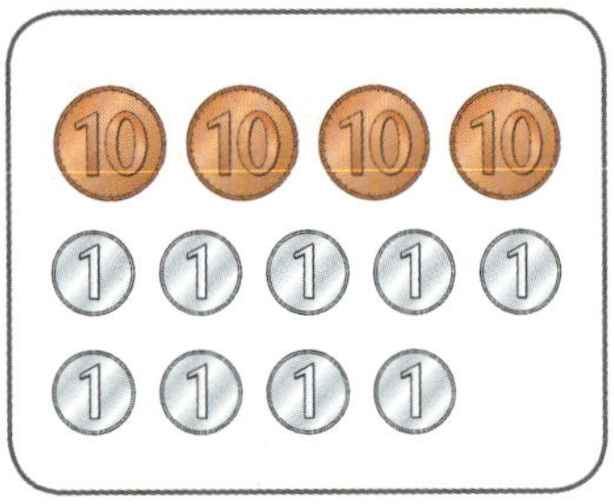

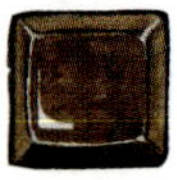
40원
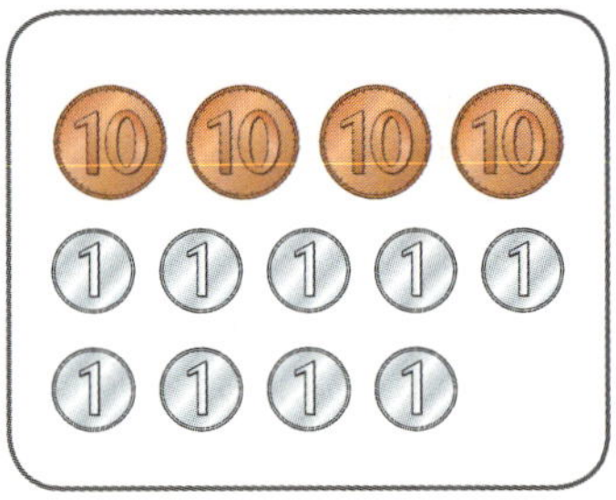

44원

31원

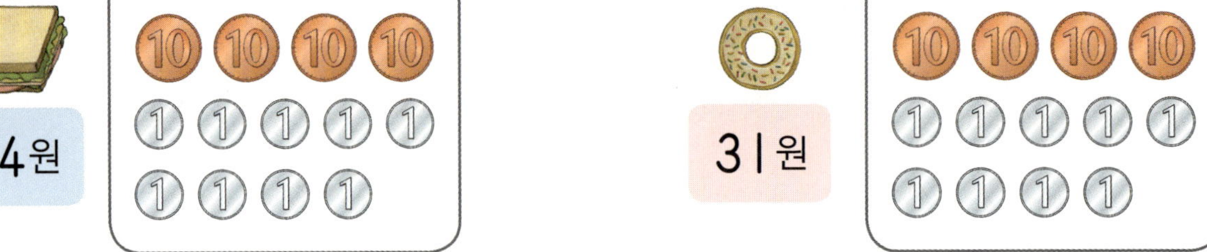

금액만큼 붙임 딱지 10 과 1 을 붙이세요. ➜ 책 앞에 있는 붙임 딱지를 사용하세요.

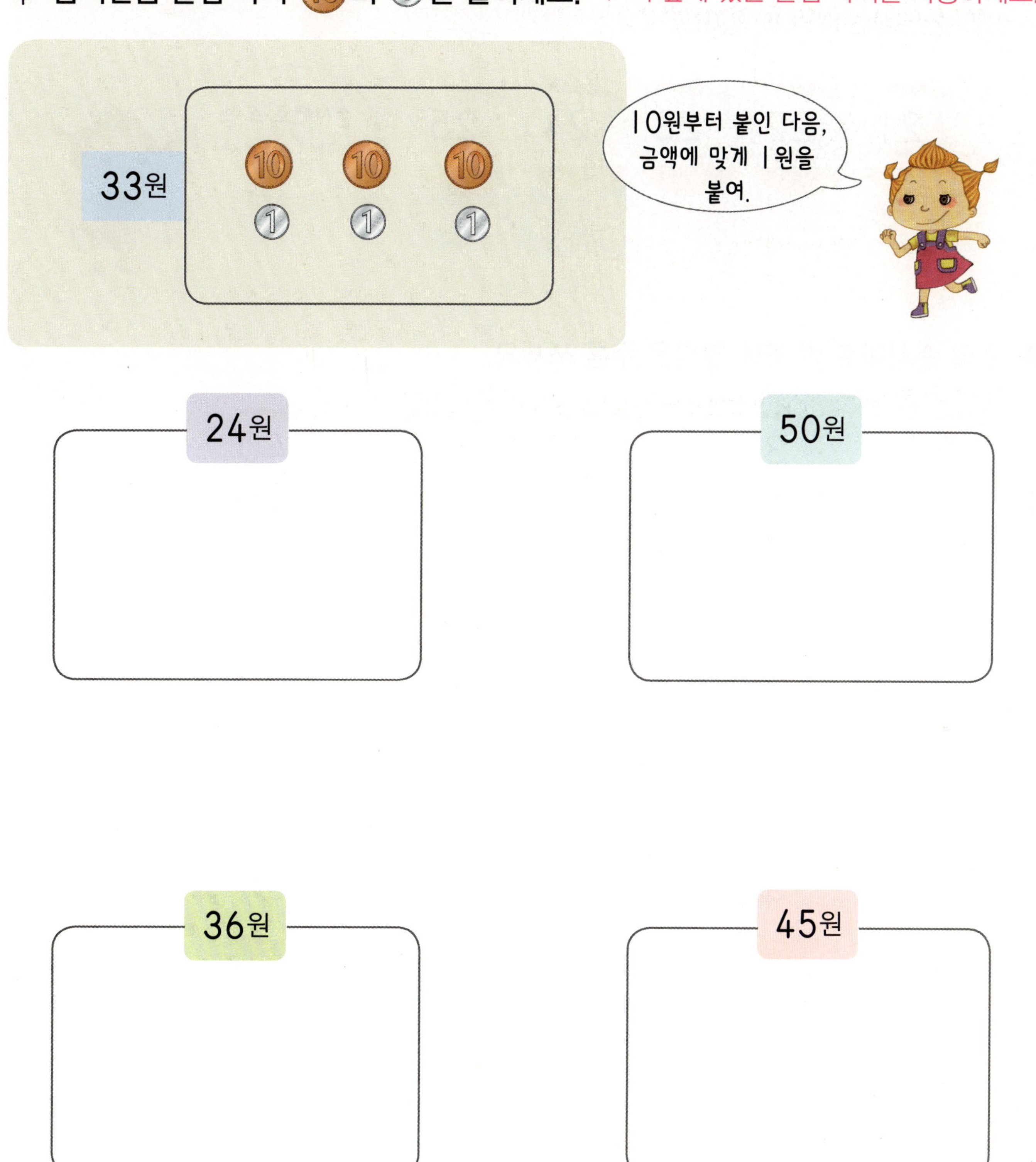

33원
10 10 10
1 1 1
10원부터 붙인 다음,
금액에 맞게 1원을
붙여.
24원
50원
36원
45원

공부한 날
월
일

순서대로 세기

수의 순서대로 빈 곳에 알맞은 수를 쓰세요.

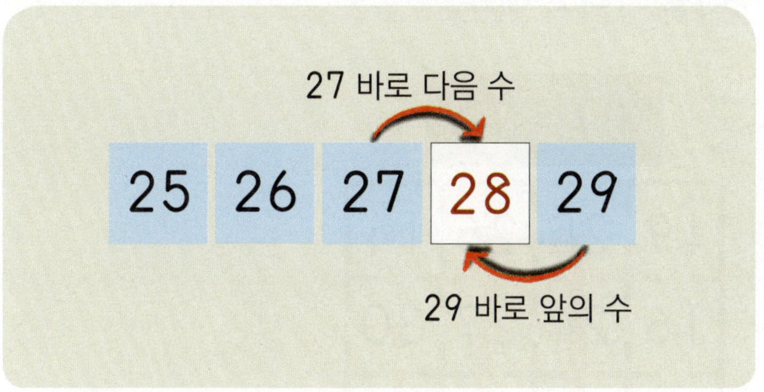

| 30 | 31 | 32 | 33 | |

| 23 | 24 | | 26 | 27 |

| 27 | 28 | 29 | | 31 |

| 39 | 40 | | 42 | 43 |

| 36 | 37 | | 39 | 40 |

| 40 | | 42 | 43 | 44 |

| 44 | 45 | 46 | | 48 |

| 46 | 47 | 48 | 49 | |

태경이는 토끼가 있는 곳까지 수의 순서대로 가려고 해요.

🌳 토끼가 있는 곳까지 주어진 수의 순서대로 선을 그으세요.

🌱 **주어진 수의 순서대로 선을 그으세요.**

23~32

23	24	25	19
28	27	26	22
29	14	18	21
30	31	32	20

17~26

17	18	12	15
20	19	27	16
21	22	23	24
28	14	26	25

36~45

36	37	30	27
34	38	31	28
40	39	44	45
41	42	43	29

29~38

29	23	26	20
30	31	32	33
23	25	39	34
38	37	36	35

40~49

40	33	32	31
41	37	45	46
42	43	44	47
39	34	49	48

거꾸로 세기

🌳 수를 거꾸로 세어 빈 곳에 알맞은 수를 쓰세요.

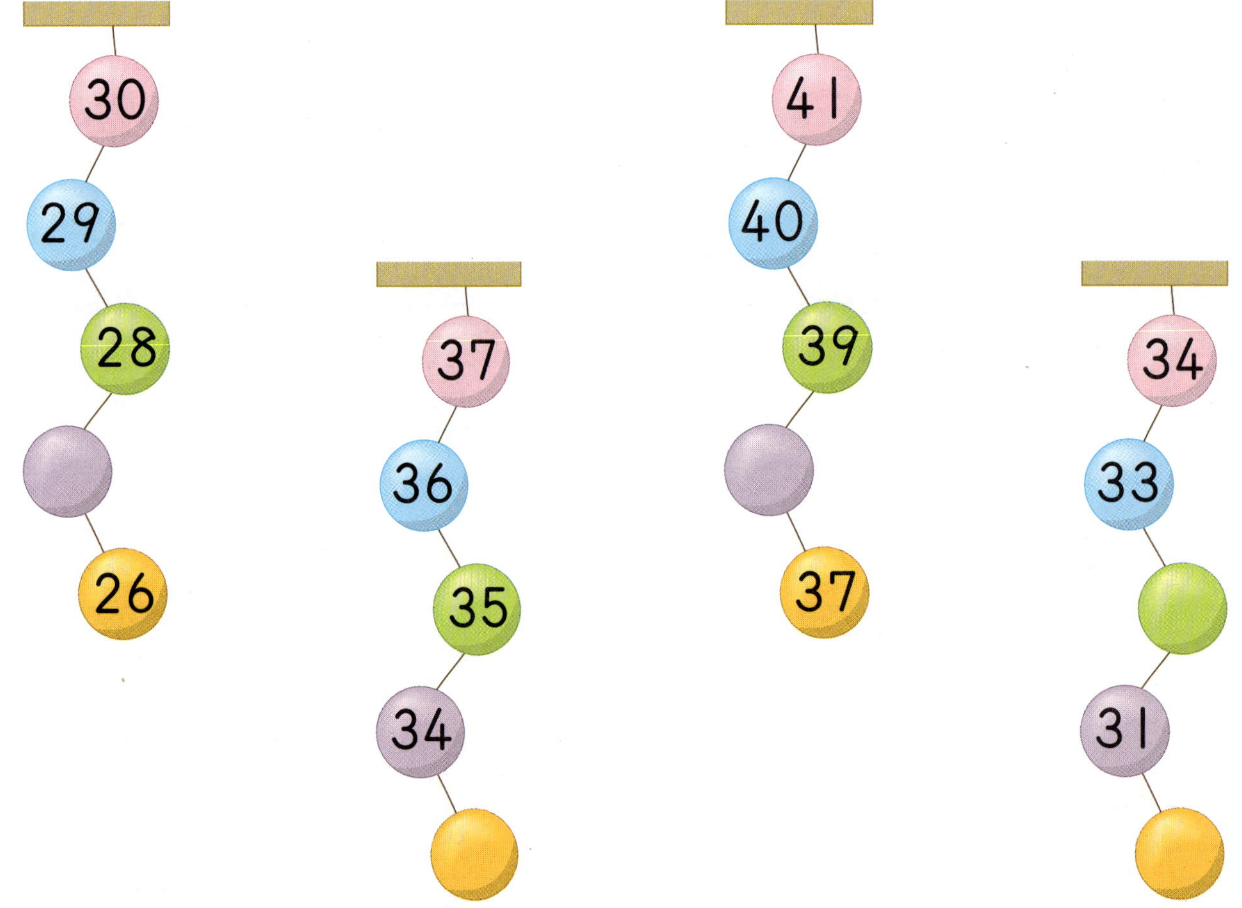

🌳 **거꾸로 세어 빈칸에 알맞은 수를 쓰세요.**

| 22 | 21 | 20 | 19 | |

| 29 | 28 | | 26 | 25 |

| 32 | 31 | 30 | | 28 |

| 41 | 40 | | 38 | 37 |

| 38 | 37 | | 35 | 34 |

| 50 | | 48 | 47 | 46 |

| 33 | 32 | 31 | | 29 |

| 47 | 46 | 45 | 44 | |

태경이는 지오가 있는 곳까지 거꾸로 세면서 가려고 해요.

🌳 집까지 주어진 수를 거꾸로 세면서 선을 그으세요.

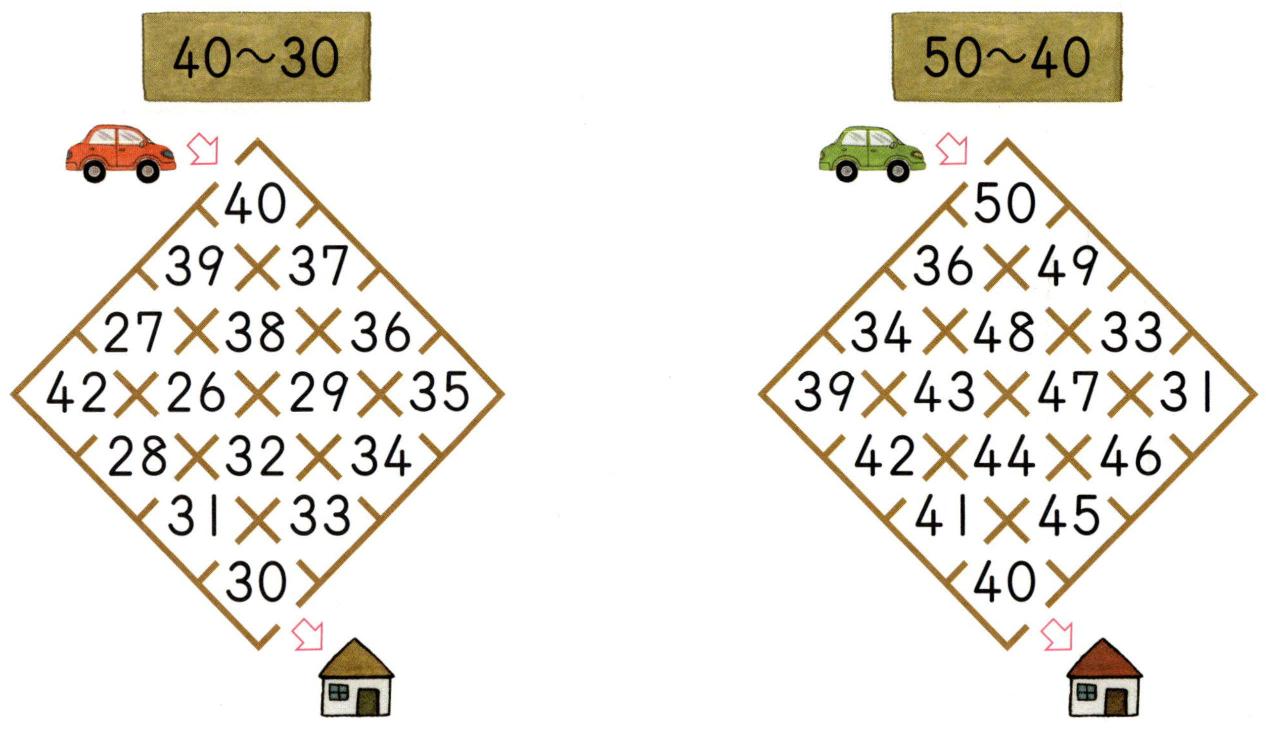

35~26

35	29	31	30
34	33	32	29
30	28	34	28
27	33	26	27

28~19

28	27	14	15
36	26	21	20
31	25	22	19
17	24	23	16

33~24

33	32	31	30
16	20	28	29
19	26	27	23
18	25	24	41

49~40

49	50	39	51
48	38	44	43
47	46	45	42
52	37	40	41

41~32

41	40	39	42
29	37	38	31
43	36	30	32
44	35	34	33

무엇을 배웠을까요

🌲 빈칸에 연결큐브 10개 묶음과 낱개의 수를 쓰고 ☐ 안에 전체 수를 쓰세요.

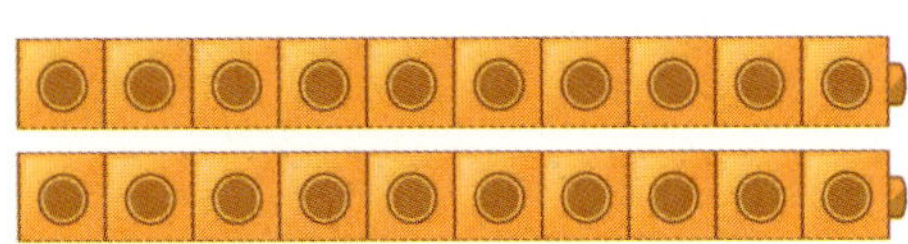

10개 묶음	낱개

➡ ☐

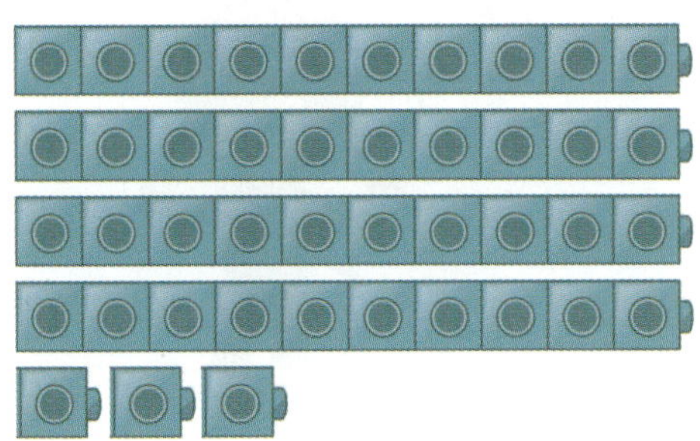

10개 묶음	낱개

➡ ☐

🌲 구슬의 수를 세어 ☐ 안에 쓰세요.

☐

☐

🌲 10개씩 선으로 묶고 공의 수를 세어 ☐ 안에 쓰세요.

☐

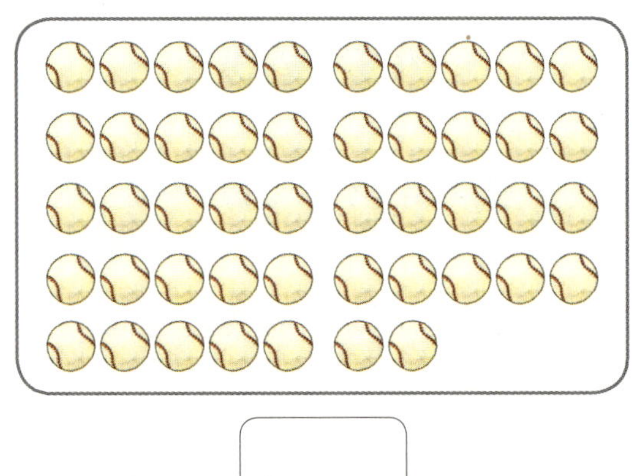

☐

🌲 금액을 세어 ☐ 안에 쓰세요.

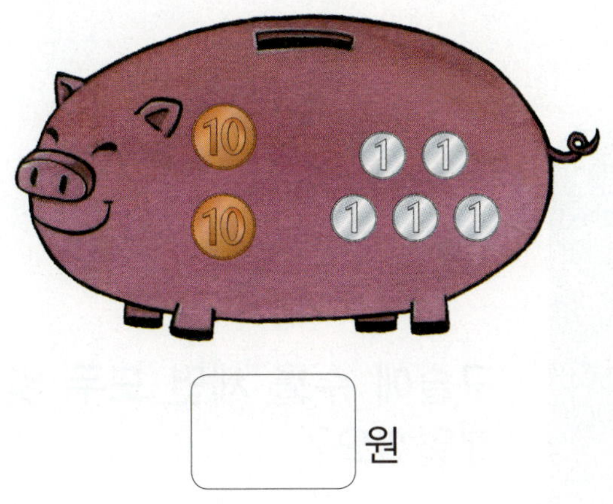
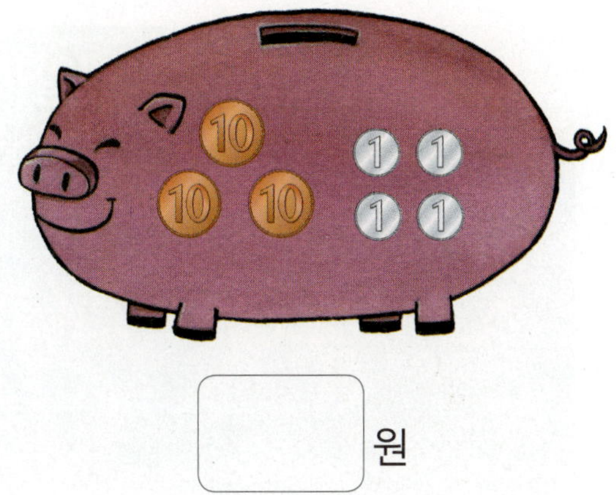

☐ 원   ☐ 원

🌲 주어진 금액만큼 동전에 V표 하세요.

33원

46원

🌲 수의 순서대로 빈칸에 알맞은 수를 쓰세요.

| 22 | 23 | | 25 | 26 |

| 29 | | 31 | 32 | 33 |

🌲 거꾸로 세어 빈칸에 알맞은 수를 쓰세요.

| 45 | 44 | 43 | | 41 |

| 34 | 33 | | 31 | 30 |

QR코드를 찍으면 다양한 연산 게임을 할 수 있어요.

연산력 게임

모두 몇 개일까요

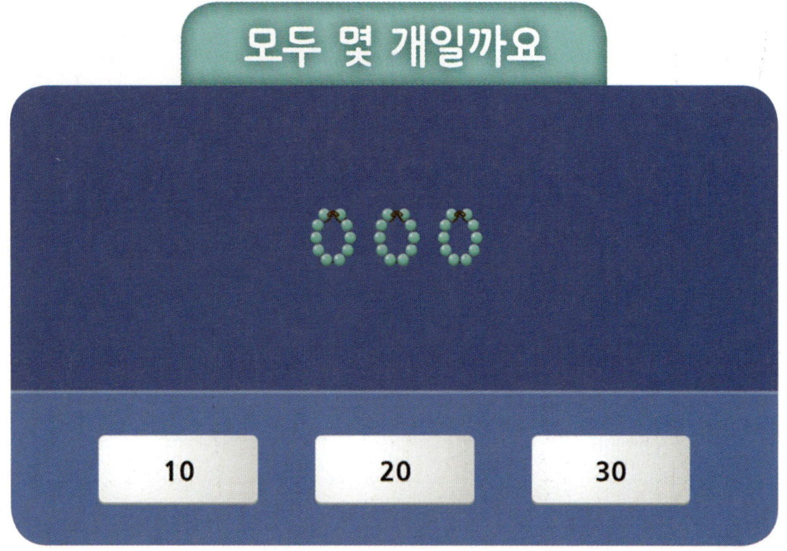

구슬에 수를 세면 모두 몇 개일까요?

아래쪽에서 찾아 손가락으로 눌러 보세요.
30을 누르면 정답입니다.

순서대로 기차가 가고 있어요. 빈 곳에 들어갈 기차는 무엇일까요?

아래쪽에서 찾아 손가락으로 끌어 넣으세요.
23을 넣으면 정답입니다.

칙칙폭폭 기차놀이

100까지의 수

▶ 연산 보충 학습(104~105쪽)에서 더 풀어 보세요.

학부모 지도 가이드

이번 차시에서는 100까지의 수를 배우게 됩니다. 50까지의 수를 배운 것을 기초로 하여 10개 묶음 세기 연습을 하면 100까지의 수의 개념을 쉽게 알 수 있습니다.

모형 돈으로 금액을 세어 보면서 수의 양감을 익힐 수 있도록 해 주시고, 수의 순서대로 길을 따라 가며 수의 순서를 익힐 수 있도록 도와 주세요.

몇십

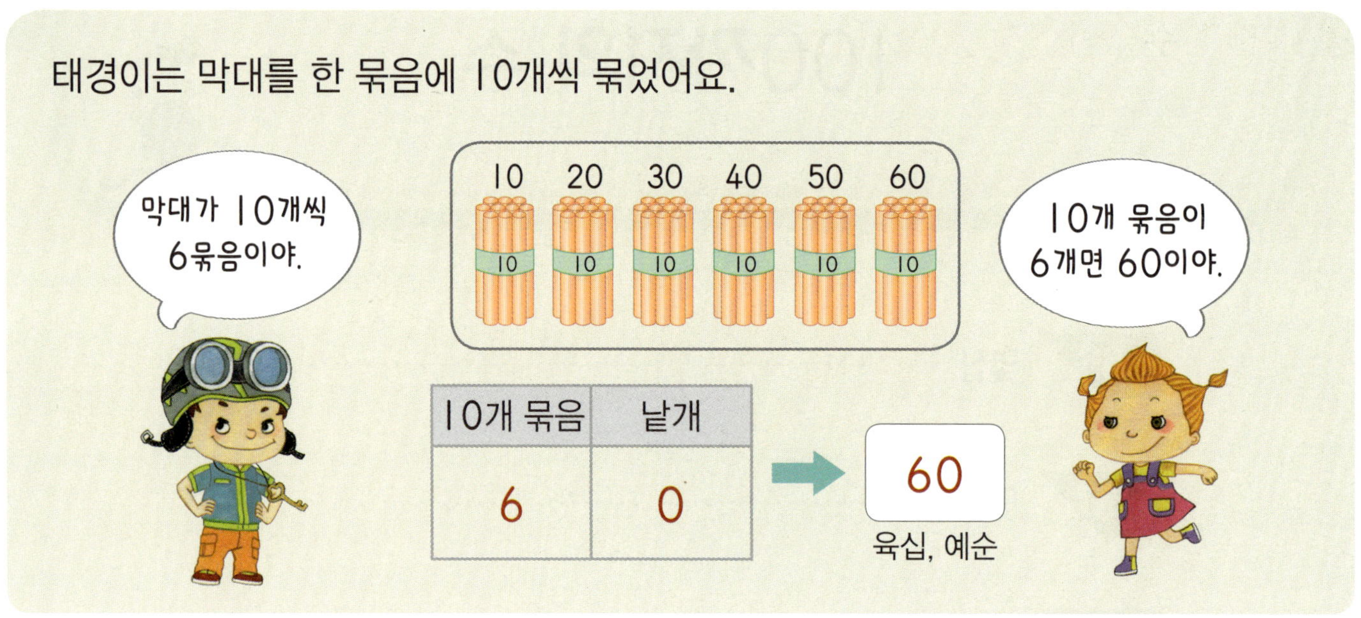

🌳 빈칸에 막대 10개 묶음과 낱개의 수를 쓰고 ⬜ 안에 전체 수를 쓰세요.

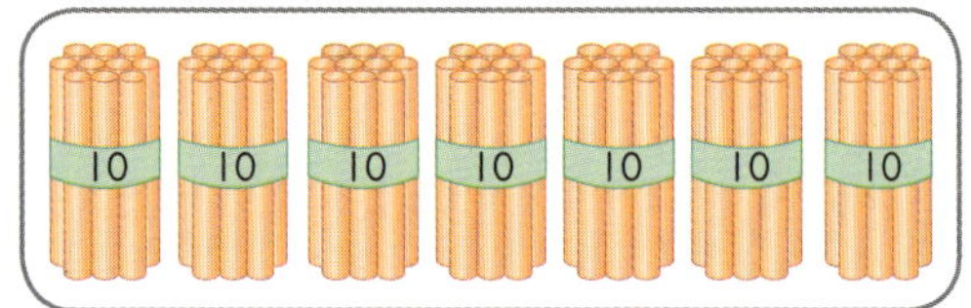

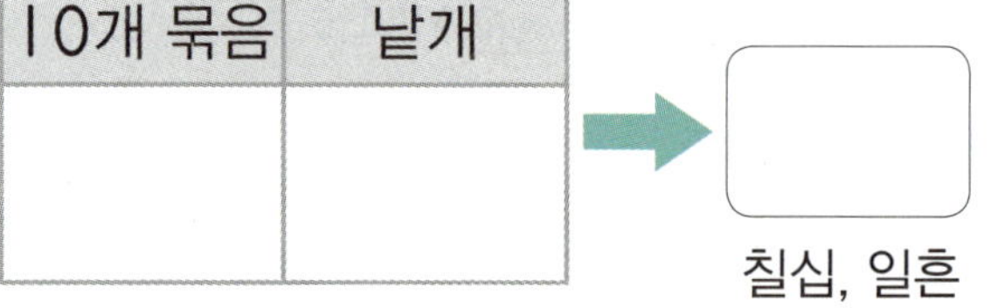

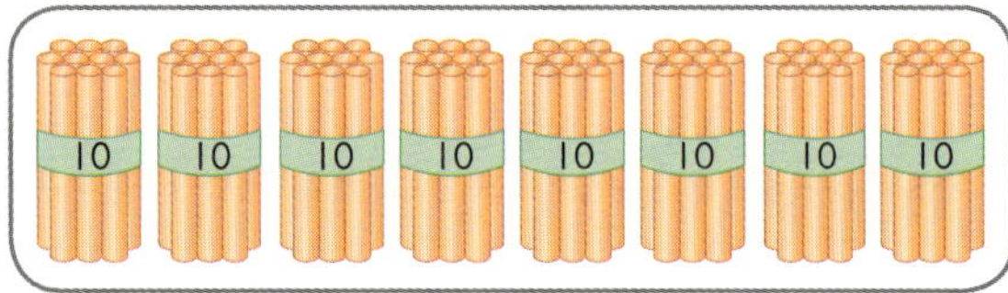

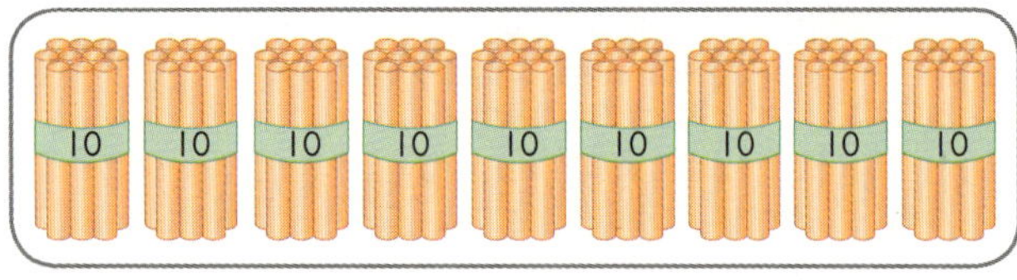

● 달걀의 수를 세어 ☐ 안에 쓰세요.

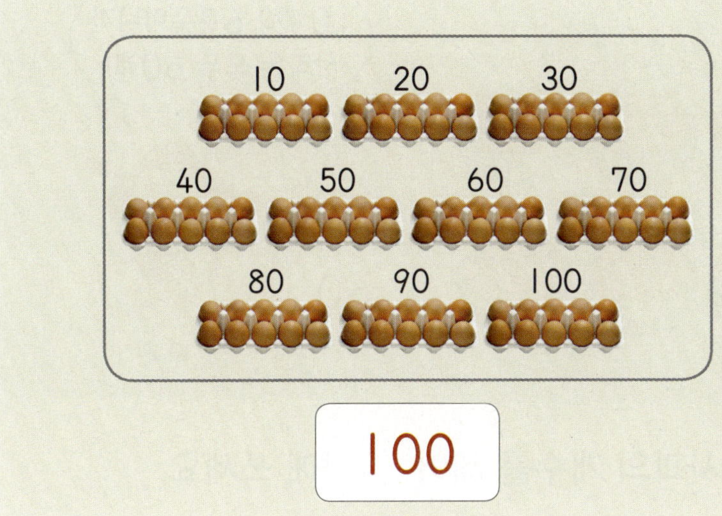

100

☐

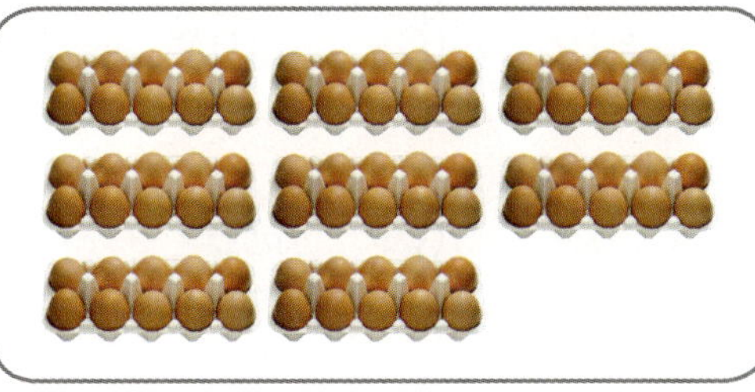

☐

☐

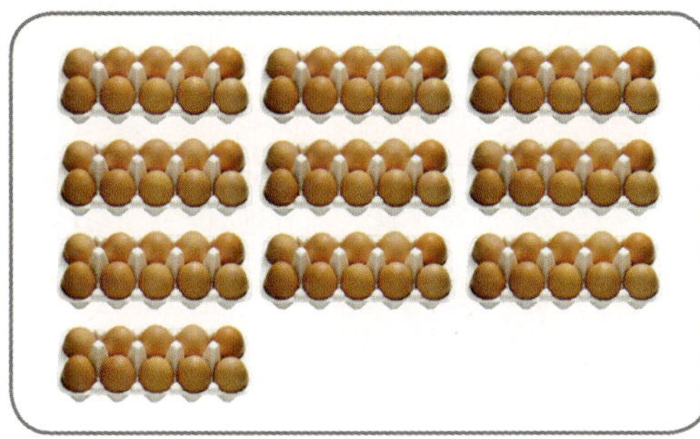

☐

태경이는 사과를 한 바구니에 10개씩 담았어요.

🌳 사과가 한 바구니에 10개씩 있어요. 사과의 개수를 세어 ☐ 안에 쓰세요.

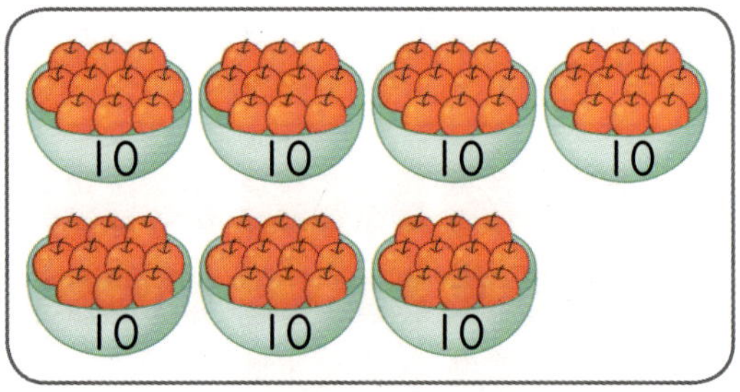

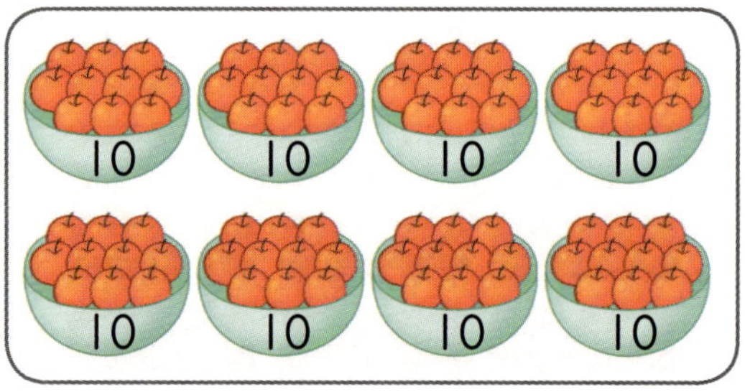

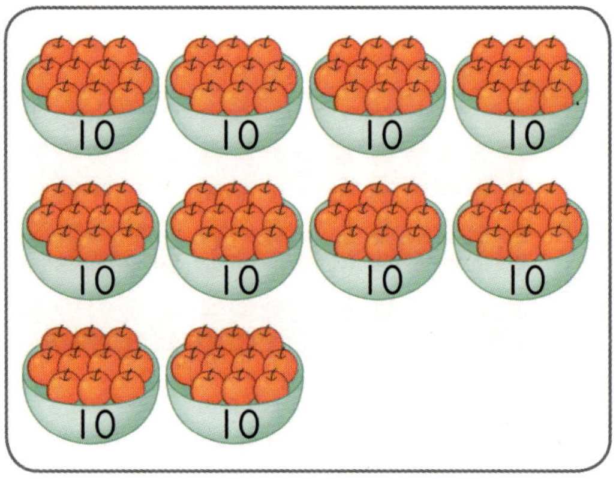

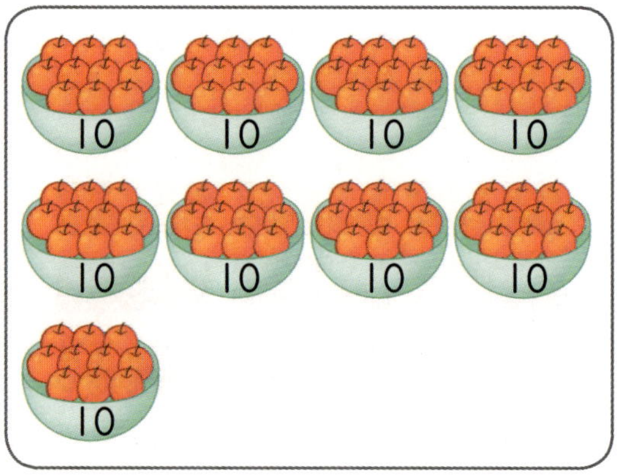

🌱 I0개씩 묶고 개수를 세어 ☐ 안에 쓰세요.

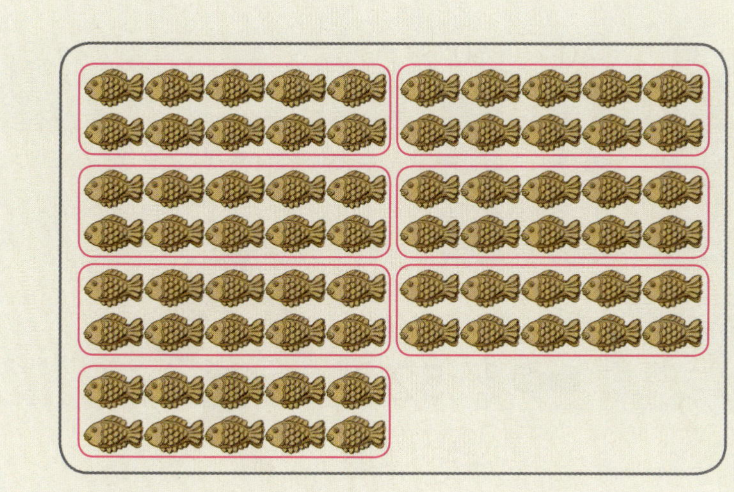

70

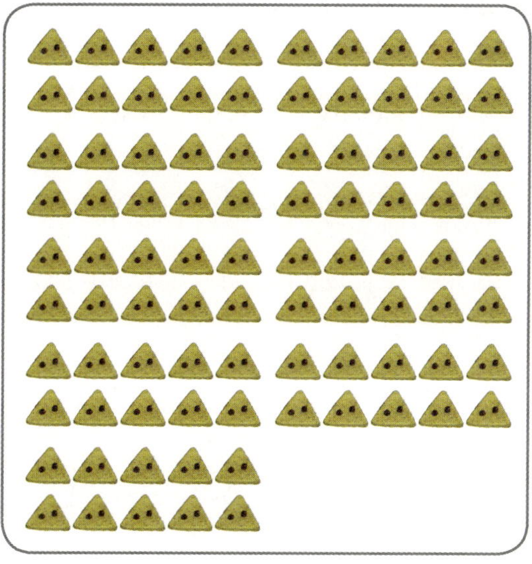

☐

☐

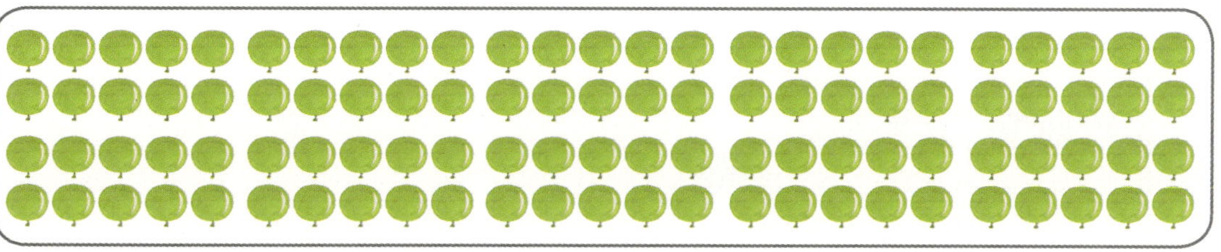

☐

몇십 몇

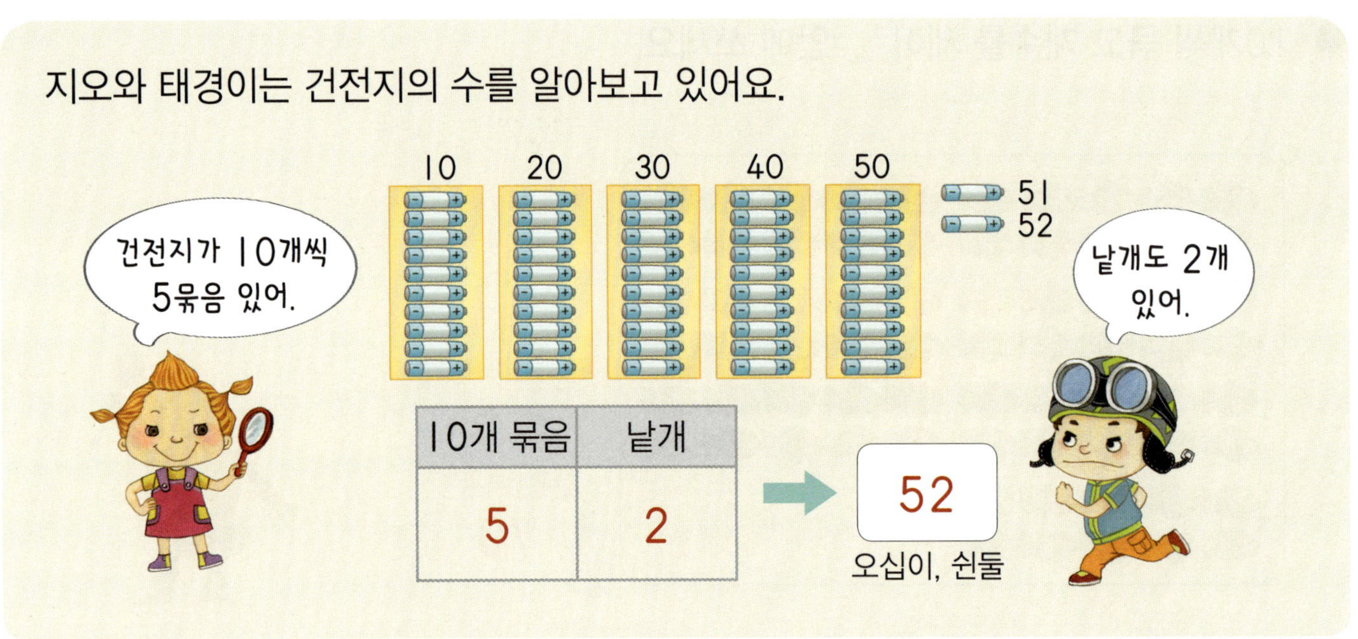

🌳 빈칸에 건전지 10개 묶음과 낱개의 수를 쓰고 ⬜ 안에 전체 수를 쓰세요.

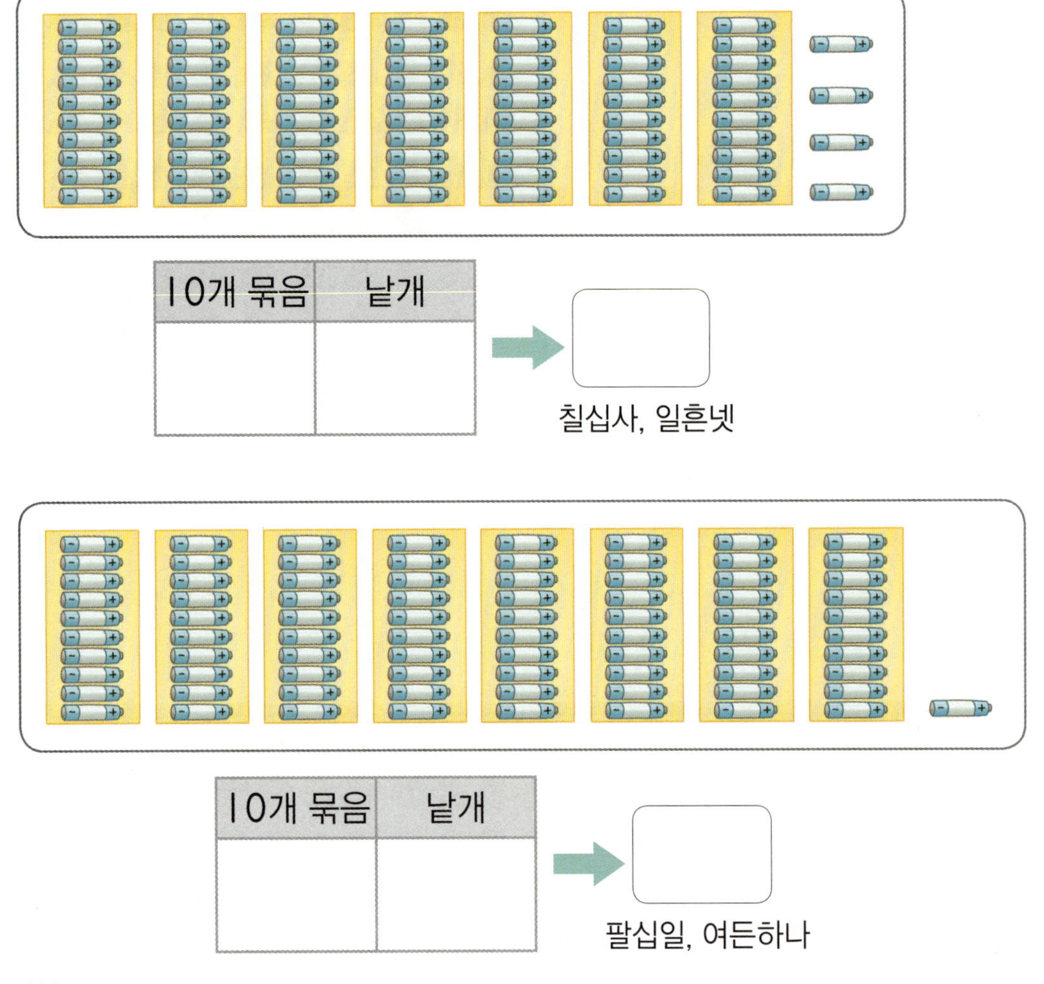

10개 묶음	낱개

➡️ ⬜

칠십사, 일흔넷

10개 묶음	낱개

➡️ ⬜

팔십일, 여든하나

구슬의 수를 세어 ☐ 안에 쓰세요.

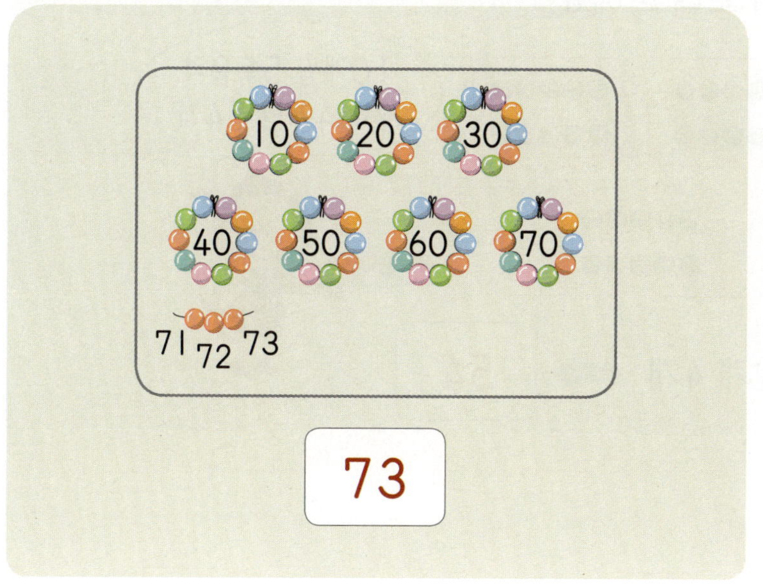

10 20 30
40 50 60 70
71 72 73
73

10개 묶음이 7개,
낱개가 3개면 73

지오는 완두콩이 모두 몇 개인지 세어 보려고 해요.
완두콩이 모두
몇 개일까?
10개씩 5묶음과
낱개 4개면 54개
10개씩 5묶음과 낱개 4개
54

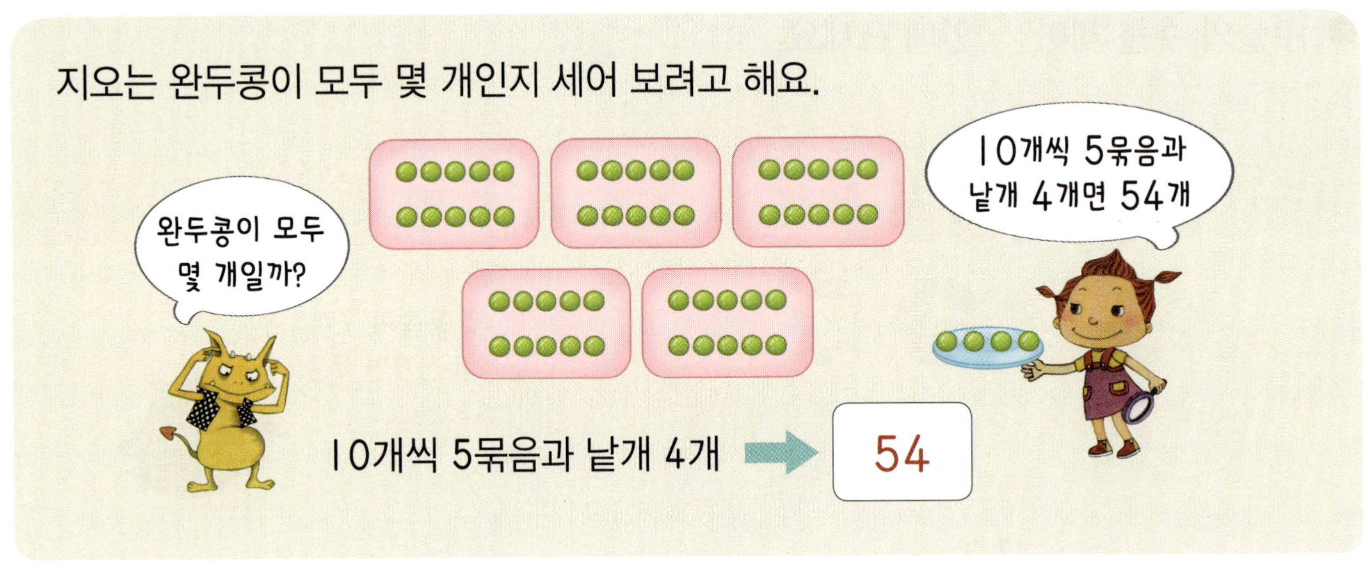

● 개수를 세어 ☐ 안에 쓰세요.

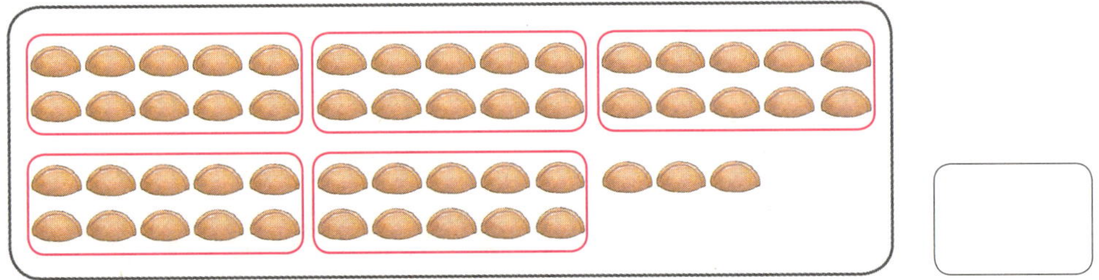

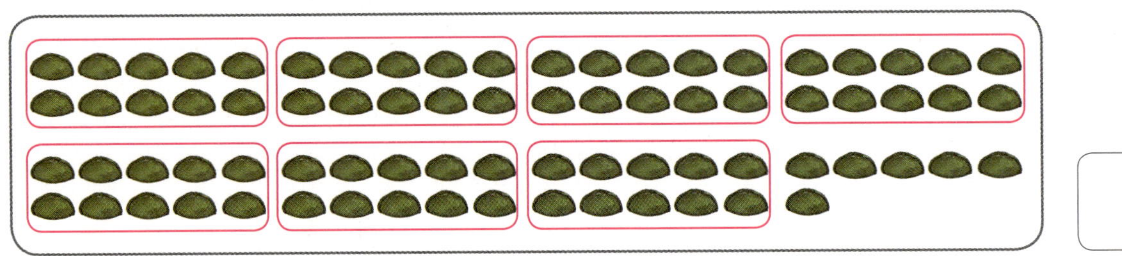

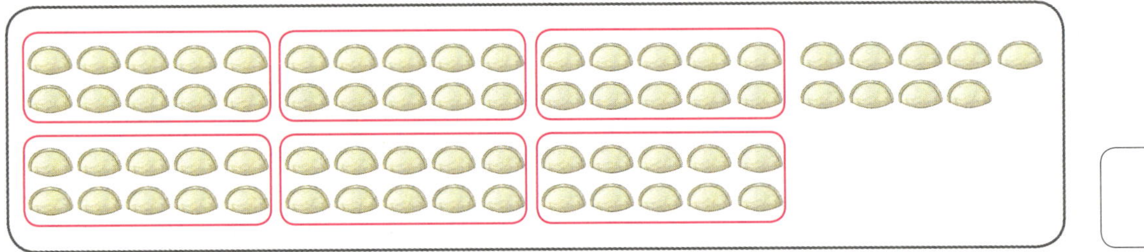

🌳 I0개씩 묶고 개수를 세어 ☐ 안에 쓰세요.

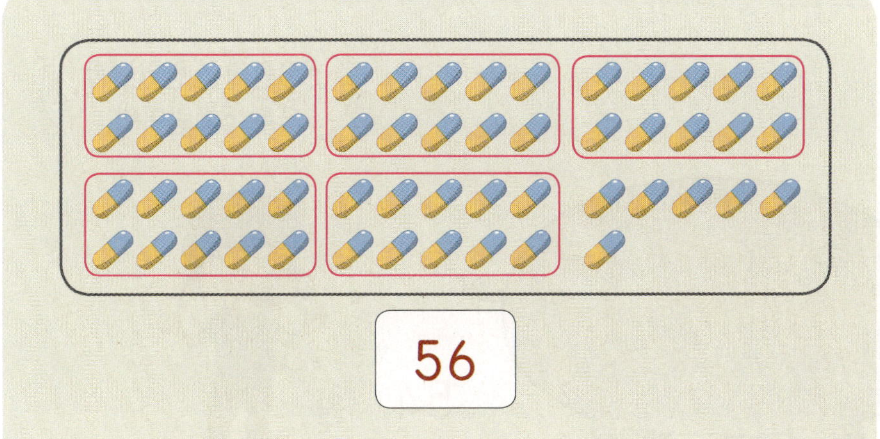

56

☐

☐

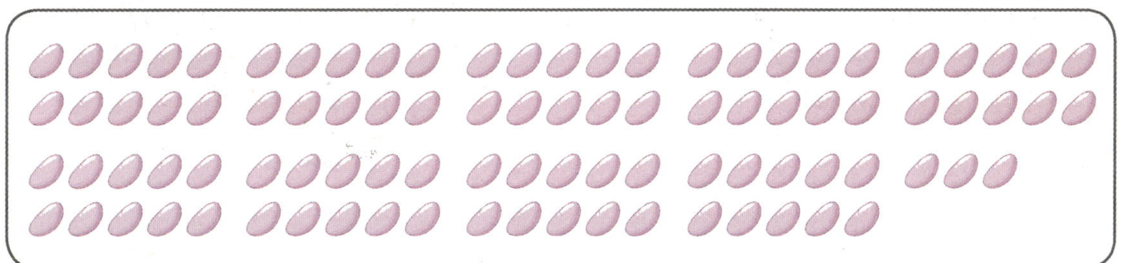

☐

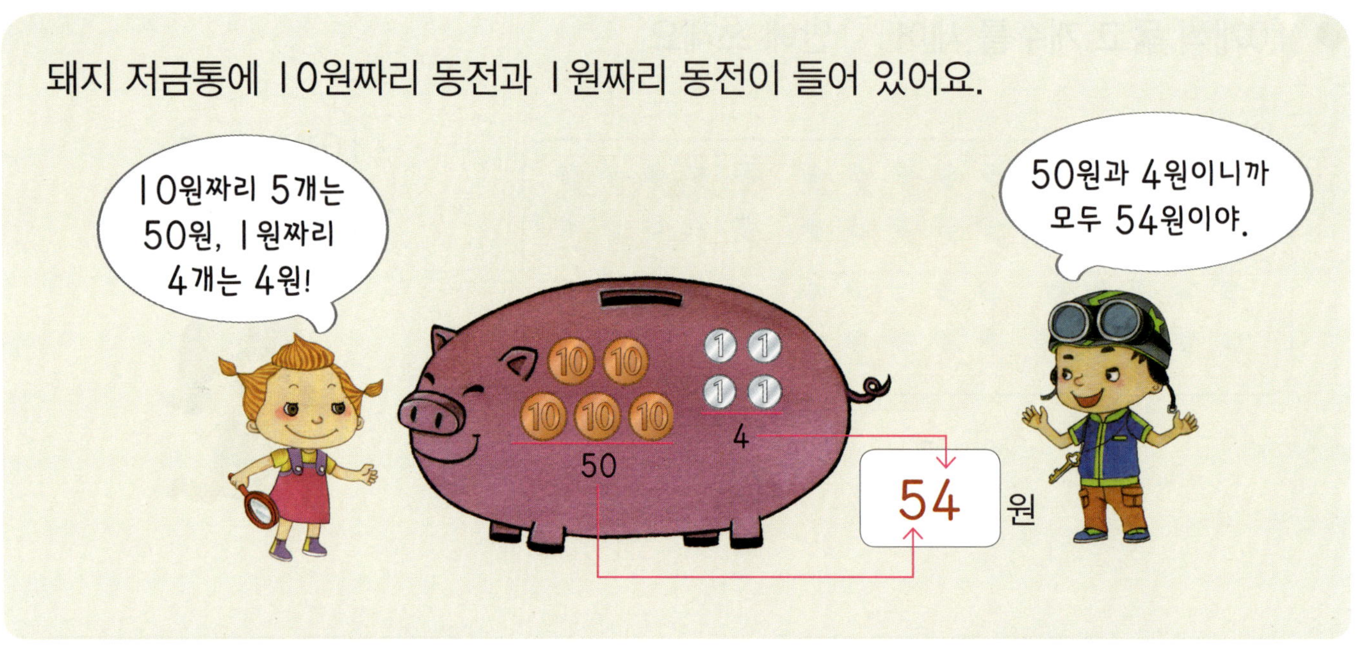

돼지 저금통에 10원짜리 동전과 1원짜리 동전이 들어 있어요.
10원짜리 5개는 50원, 1원짜리 4개는 4원!
50원과 4원이니까 모두 54원이야.
50
4
54
원

🌳 금액을 세어 ☐ 안에 쓰세요.

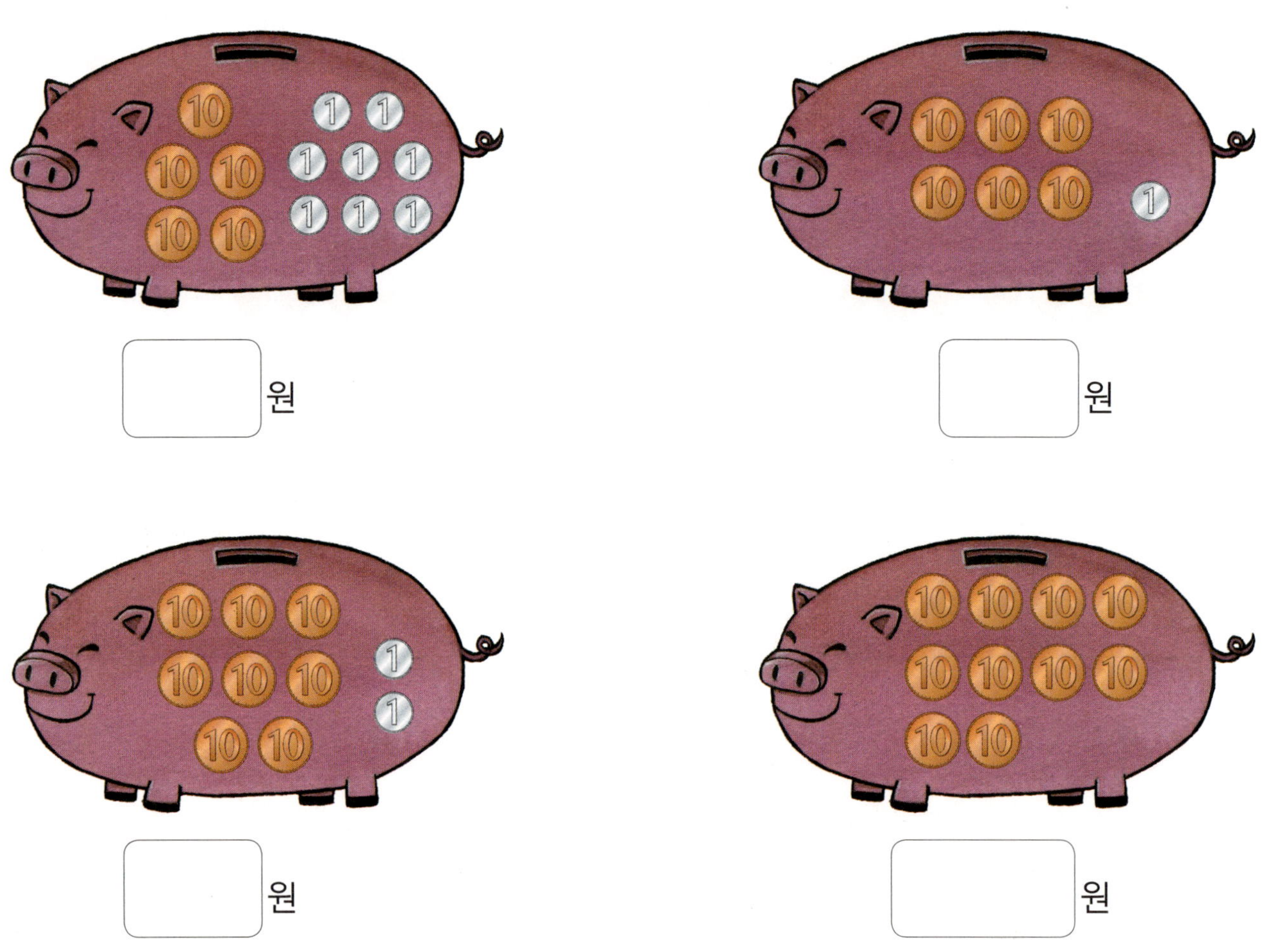

원
원
원
원

금액을 세어 ☐ 안에 쓰세요.

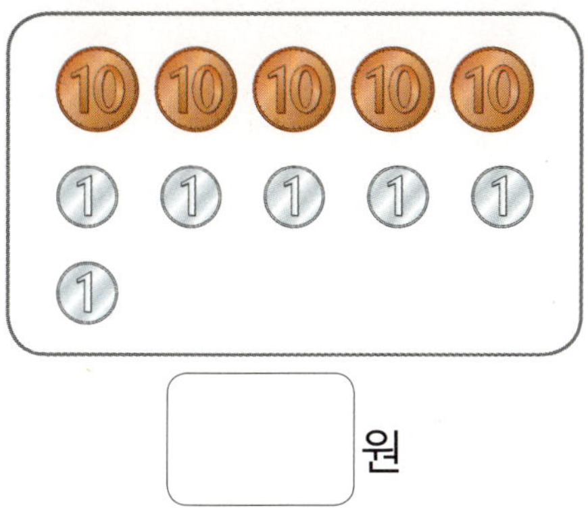

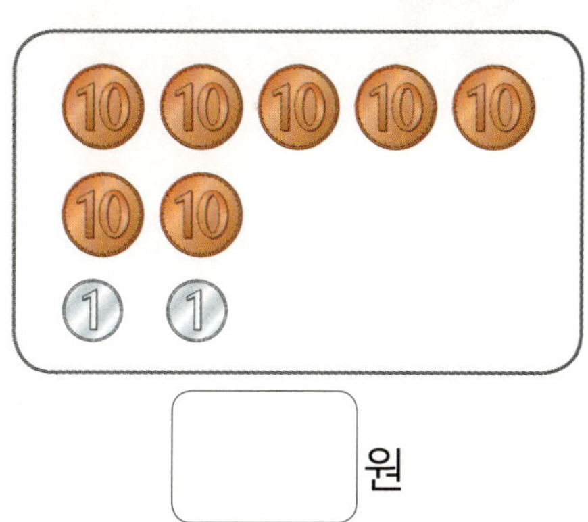

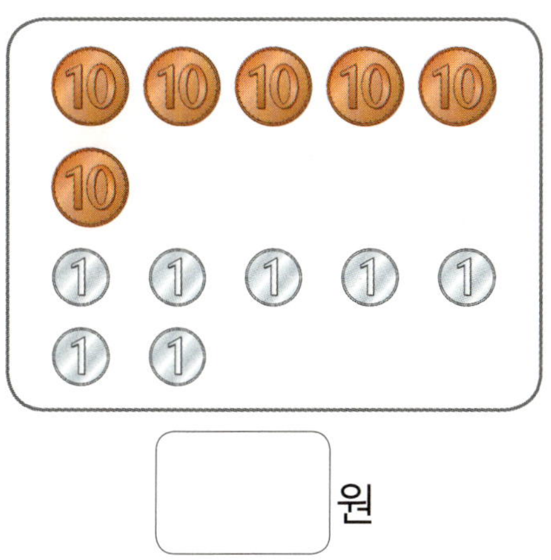

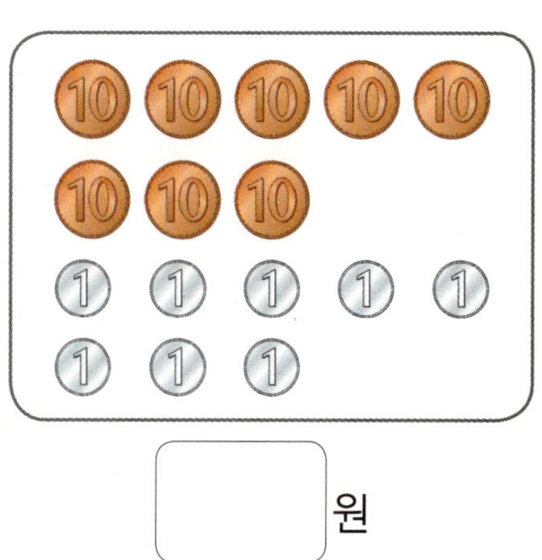

지오는 가방과 신발을 사려면 각각 얼마가 필요한지 알아보려고 해요.

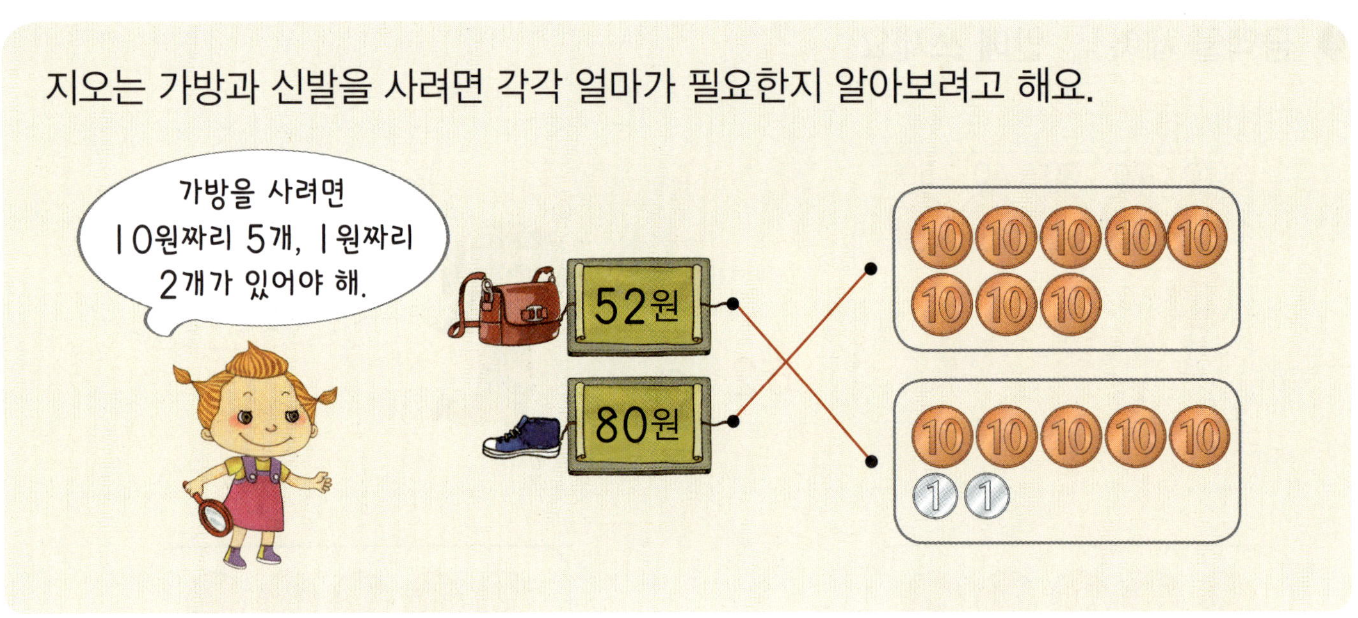

🌱 금액에 맞는 동전을 찾아 선으로 이으세요.

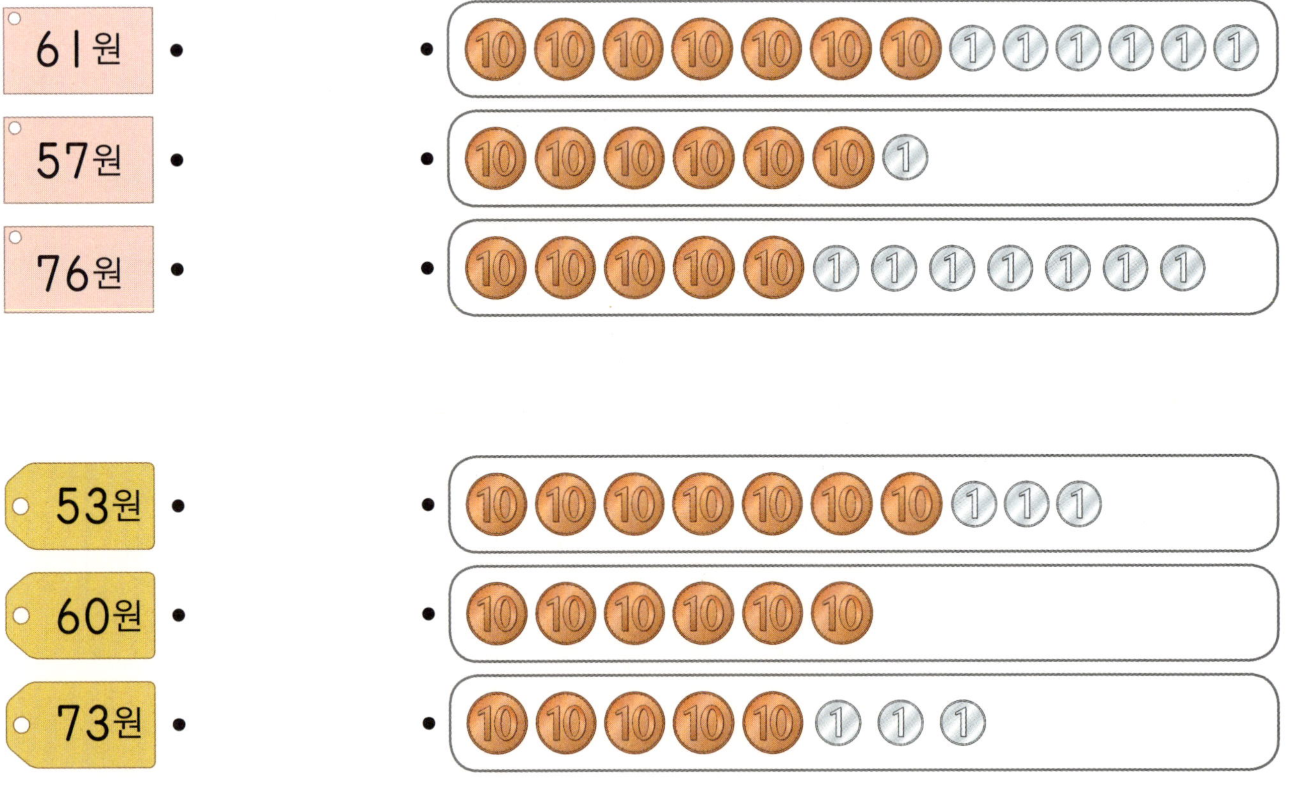

🌳 **금액만큼 붙임 딱지 ⑩과 ①을 붙이세요.** ➡ 책 앞에 있는 붙임 딱지를 사용하세요.

53원

⑩ ⑩ ⑩ ⑩ ⑩
① ① ①

67원

71원

80원

92원

순서대로 세기

펭귄들이 순서대로 바닷속으로 들어가고 있어요.

🌳 수의 순서대로 빈 곳에 알맞은 수를 쓰세요.

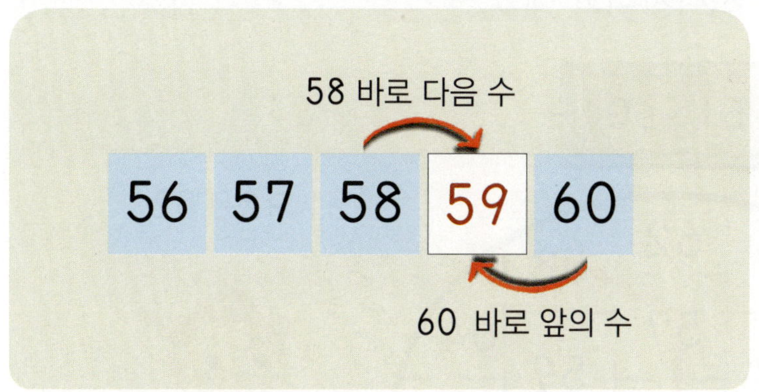

63 64 65 66 ☐

48 49 ☐ 51 52

70 71 72 ☐ 74

59 60 ☐ 62 63

96 ☐ 98 99 100

77 ☐ 79 80 81

85 86 87 ☐ 89

96 97 98 99 ☐

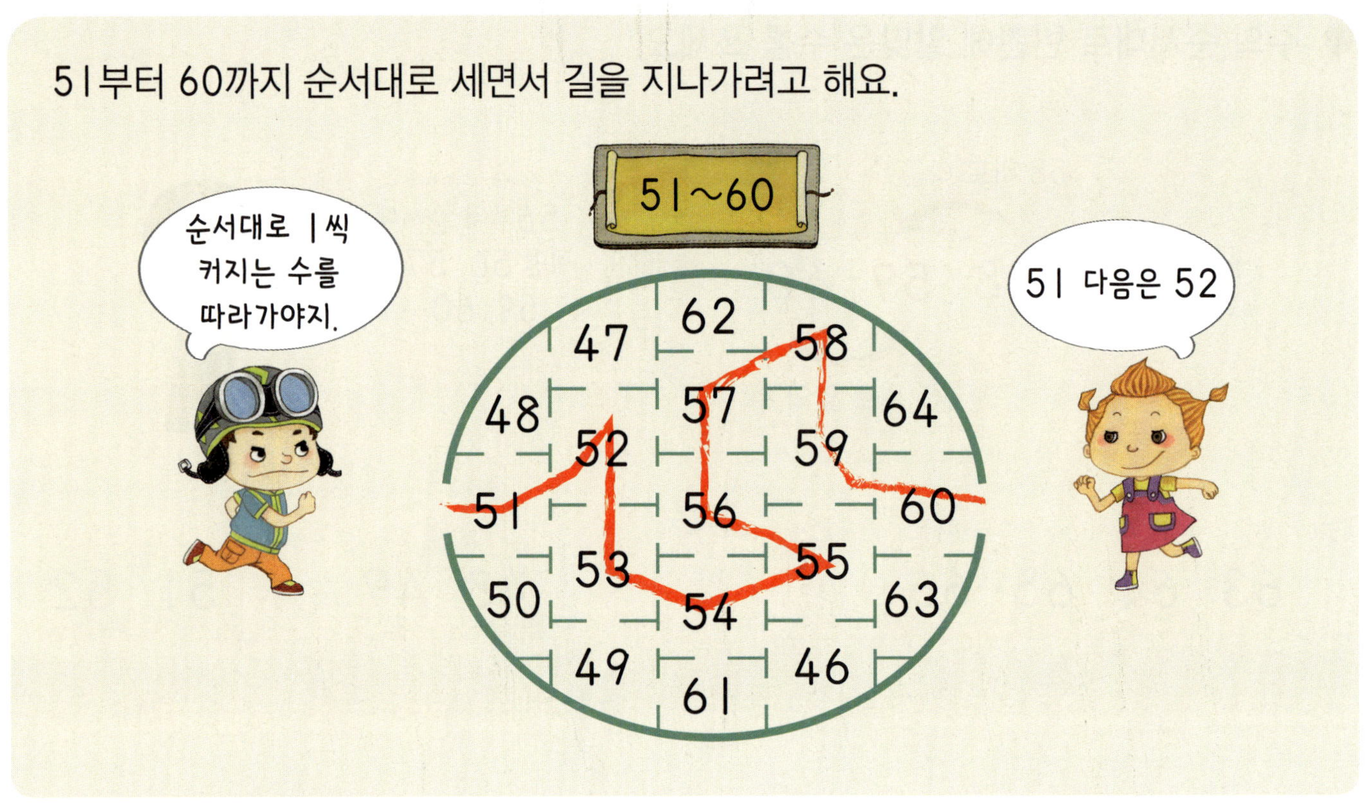

주어진 수의 순서대로 선을 그으세요.

주어진 수의 순서대로 선을 그으세요.

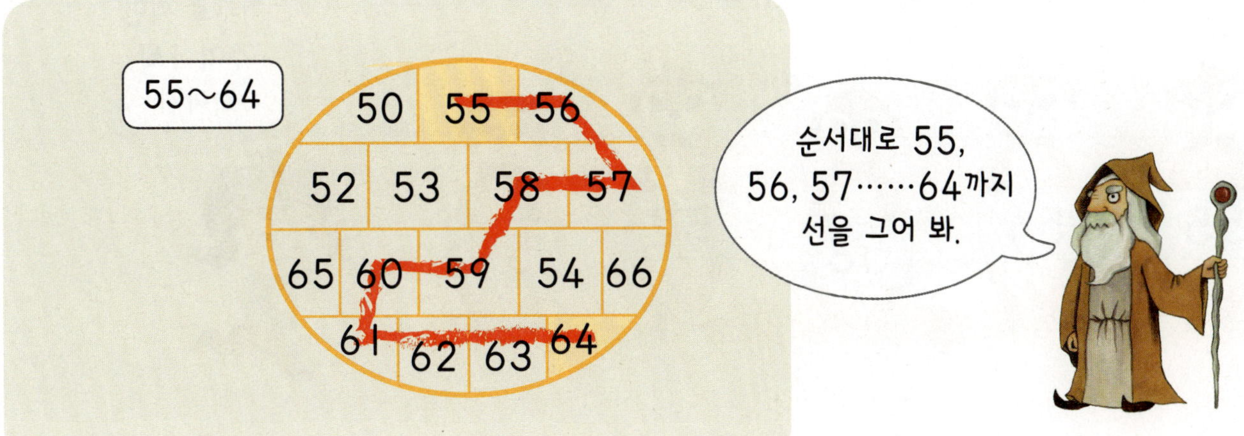

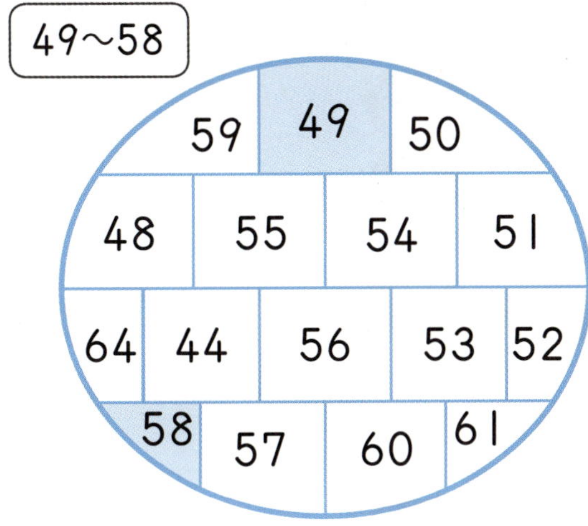

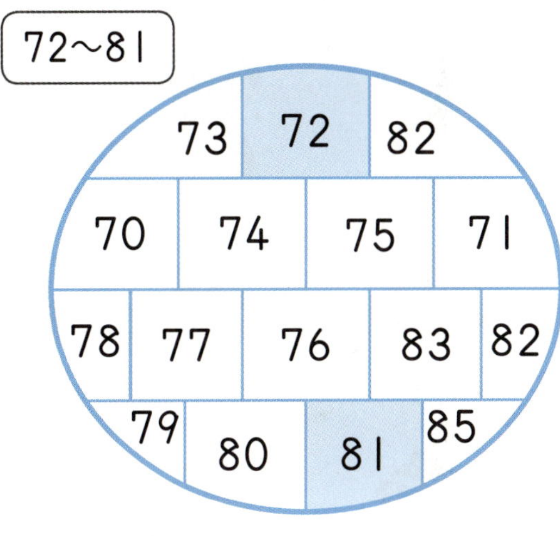

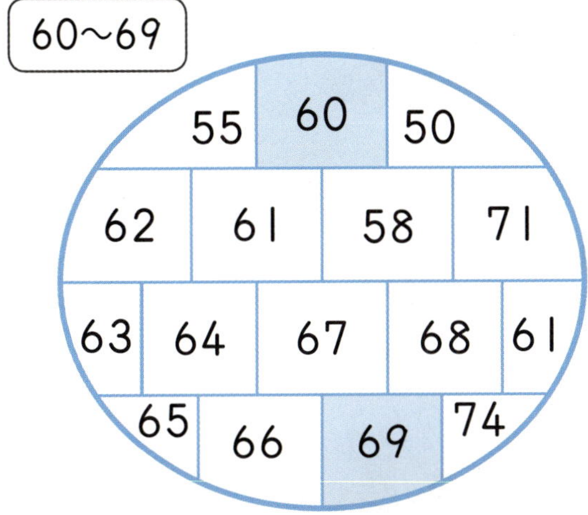

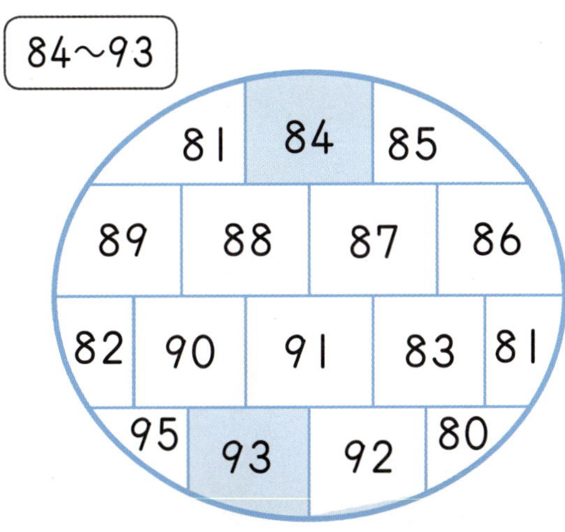

🌳 수를 거꾸로 세어 빈 곳에 알맞은 수를 쓰세요.

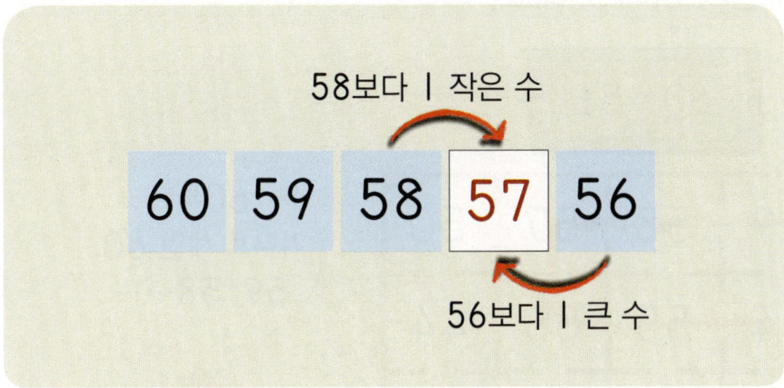

| 68 | 67 | 66 | 65 | |

| 72 | 71 | | 69 | 68 |

| 53 | 52 | 51 | | 49 |

| 86 | 85 | | 83 | 82 |

| 81 | 80 | | 78 | 77 |

| 92 | | 90 | 89 | 88 |

| 97 | 96 | 95 | | 93 |

| 90 | 89 | 88 | 87 | |

토끼가 당근이 있는 곳까지 거꾸로 세면서 가려고 해요.

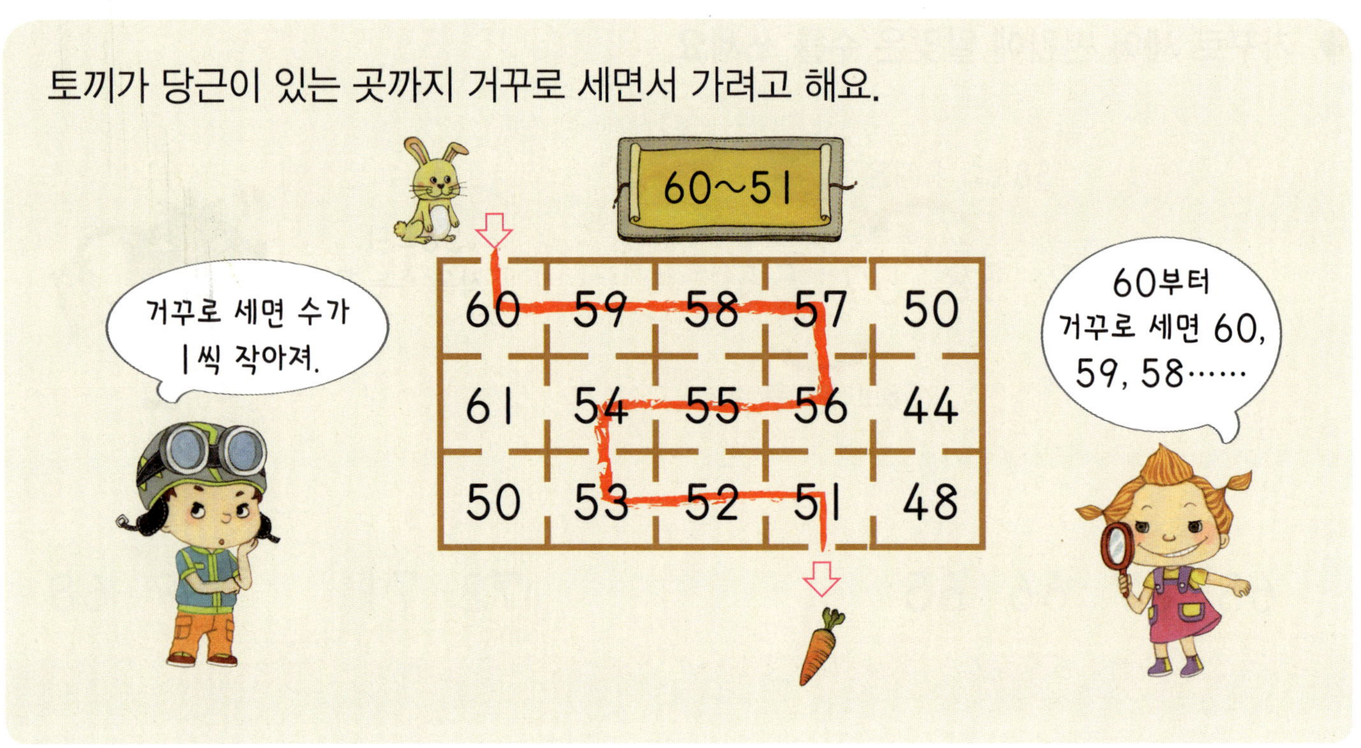

● 주어진 수를 거꾸로 세면서 선을 그으세요.

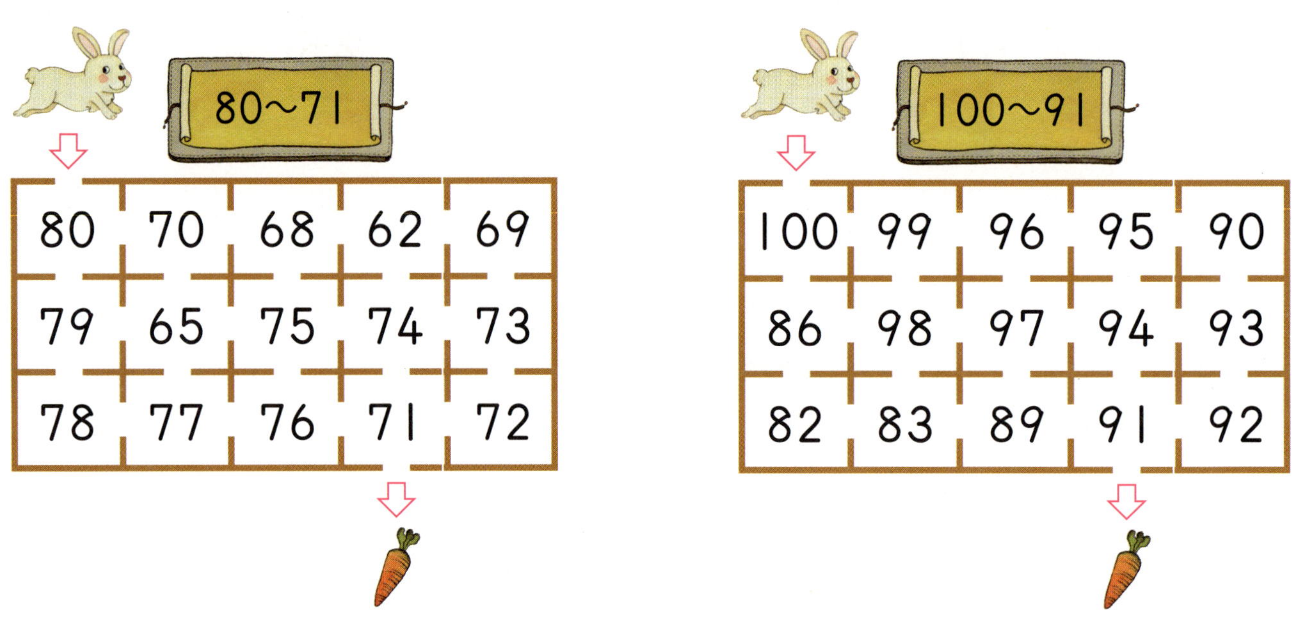

63~54

63	62	61	53	52
51	59	60	64	54
52	58	57	56	55

56~47

56	53	52	51	50
55	54	45	59	49
58	40	45	47	48

83~74

83	82	70	76	75
73	81	78	77	74
72	80	79	71	84

77~68

77	76	82	79	78
74	75	67	69	68
73	72	71	70	66

99~90

99	98	97	96	95
100	89	92	93	94
86	90	91	88	87

공부한 날

월

일

무엇을 배웠을까요

🌲 구슬의 수를 세어 ☐ 안에 쓰세요.

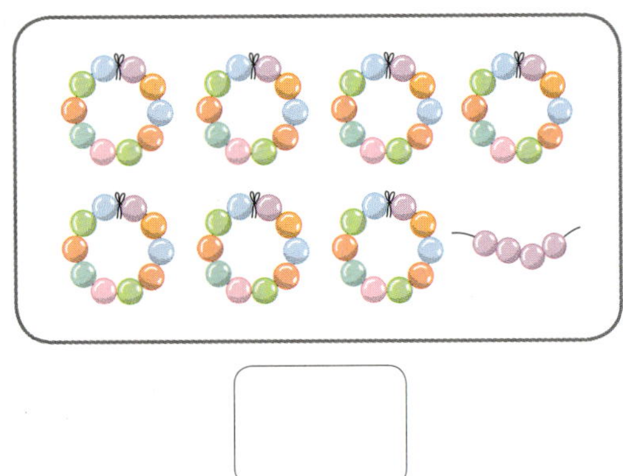

☐

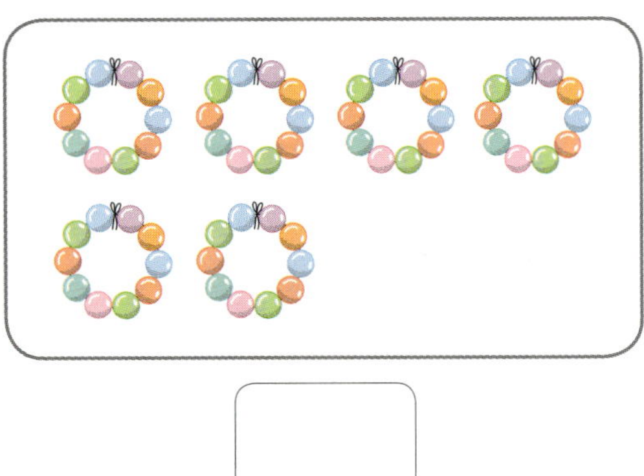

☐

🌲 10개씩 묶고 개수를 세어 ☐ 안에 쓰세요.

☐

🌲 금액을 세어 ☐ 안에 쓰세요.

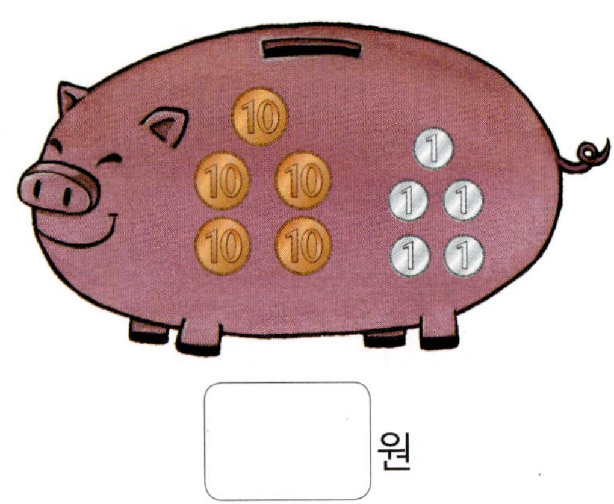

☐ 원

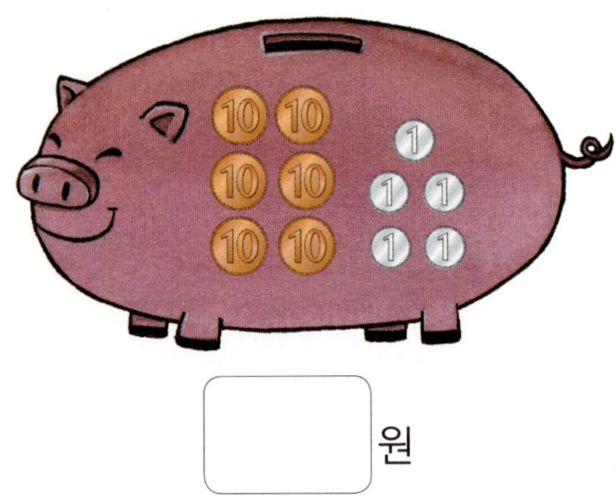

☐ 원

🌲 금액만큼 붙임 딱지 과 ①을 붙이세요. ➡ 책 앞에 있는 붙임 딱지를 사용하세요.

65

87

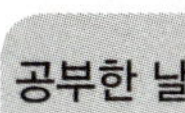

🌲 수의 순서대로 빈칸에 알맞은 수를 쓰세요.

| 67 | 68 | 69 | | 71 |

| 94 | 95 | | 97 | 98 |

🌲 거꾸로 세어 빈칸에 알맞은 수를 쓰세요.

| 77 | 76 | 75 | 74 | |

| 91 | 90 | 89 | | 87 |

연산력 게임

QR코드를 찍으면 다양한 연산 게임을 할 수 있어요.

얼마를 모았나요

저금통에 있는 돈은 모두 얼마일까요?

오른쪽에서 찾아 손가락으로 눌러 보세요.
36을 누르면 정답입니다.

개구리가 앉아 있는 연잎의 수보다 1 작은 수는 얼마일까요?

아래쪽에서 찾아 빈 곳에 손가락으로 끌어 넣으세요.
98을 넣으면 정답입니다.

개구리 왕자

100까지의 수 크기 비교

▶ 연산 보충 학습(106~107쪽)에서 더 풀어 보세요.

학부모 지도 가이드

이번 차시에서는 1부터 100까지의 수를 기초로 하여 수의 크기 비교를 배우게 됩니다. 두 수 중 10개 묶음의 수가 많은 것이 더 큰 수임을 익히고, 수의 순서를 통하여 나중에 세어지는 것이 더 큰 수임을 자연스럽게 익힐 수 있도록 다양한 유형으로 지도해 주세요.

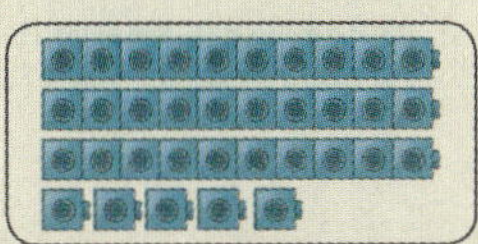

35

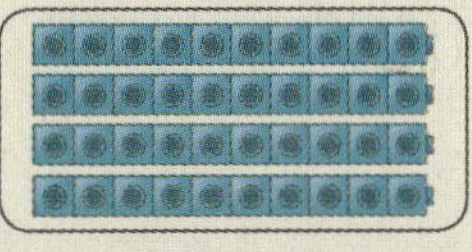

40 (큰 수)

28   31 (큰 수)

10묶음과 1

🌳 긴 초는 10살, 짧은 초는 1살을 나타내요. 관계있는 것끼리 선으로 이으세요.

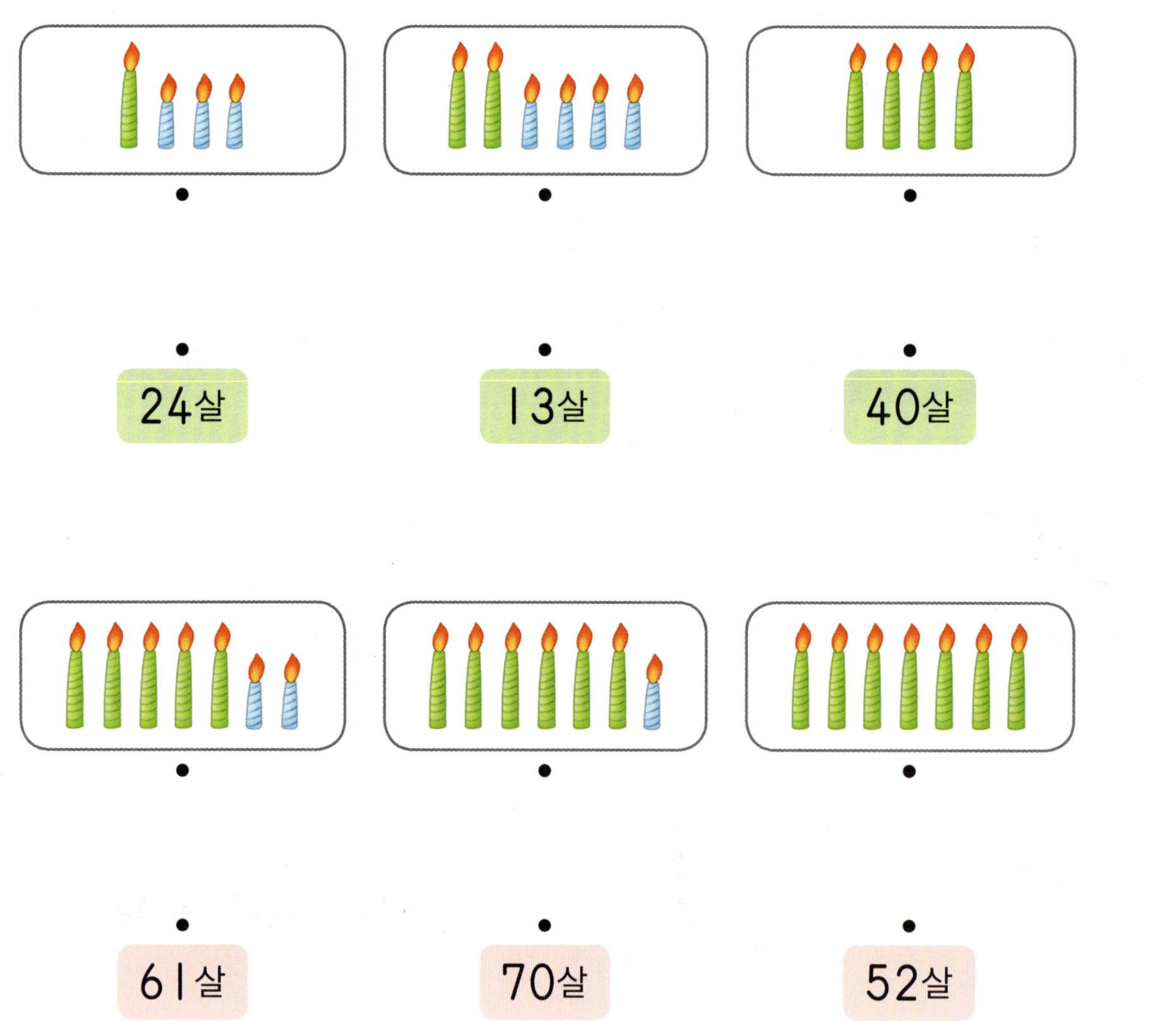

🌳 긴 초는 10살, 짧은 초는 1살을 나타내요. 몇 살인지 ☐ 안에 쓰세요.

살

☐ 살

☐ 살

☐ 살

☐ 살

☐ 살

☐ 살

태경이는 과녁판에 화살을 5번 쏘아 ✕ 자리에 맞혔어요.

🌳 과녁판의 분홍색을 맞히면 10점, 주황색을 맞히면 1점을 얻어요.
　⬜ 안에 점수를 쓰세요.

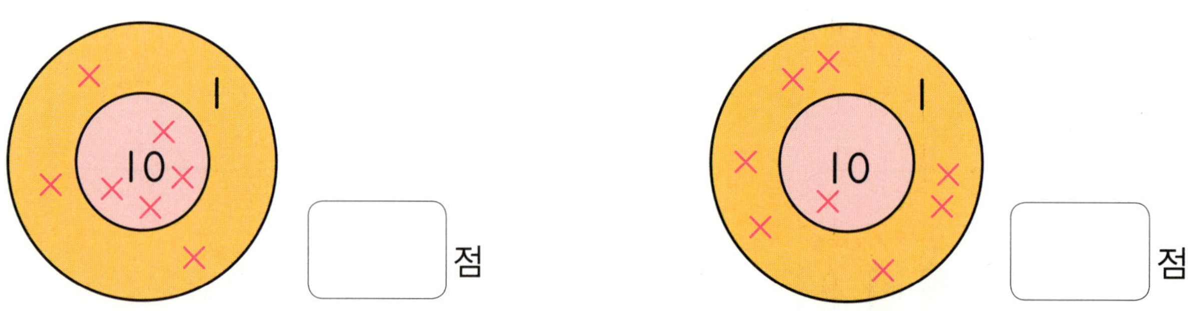

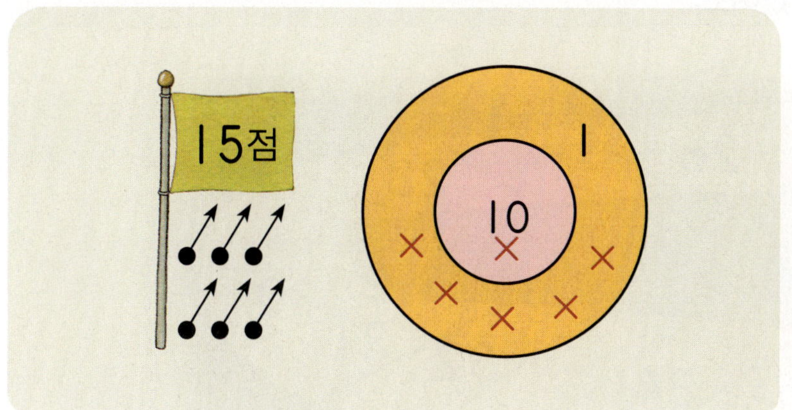
15점
10
1

15점이면
10점 칸에 1번, 1점
칸에 5번 맞혔어.

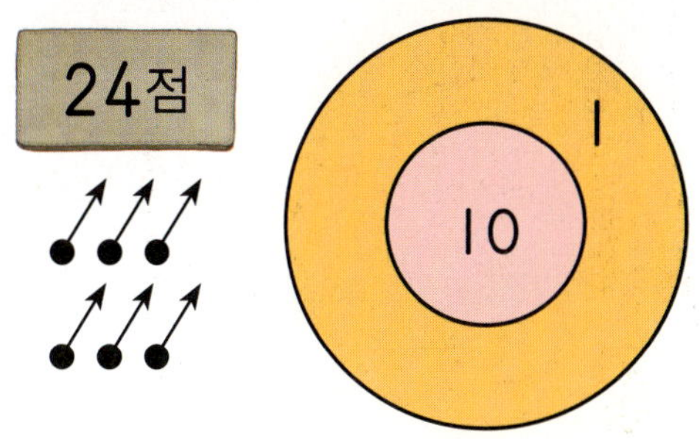
24점
10
1

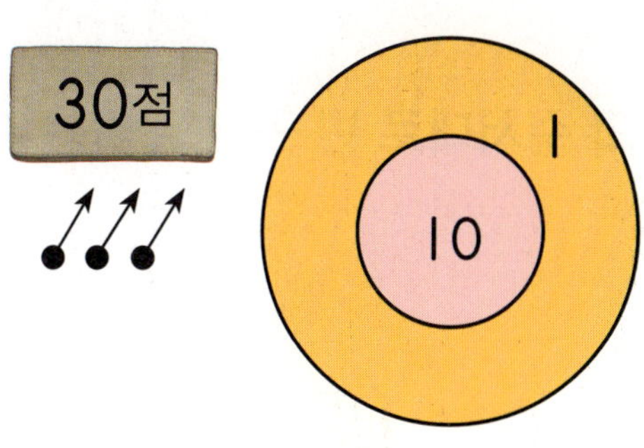
30점
10
1

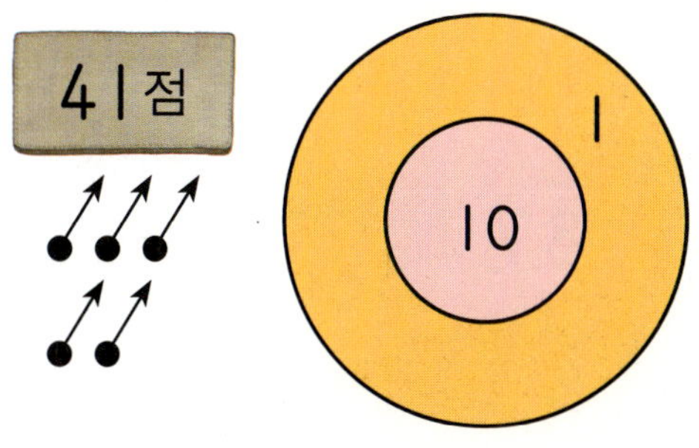
41점
10
1

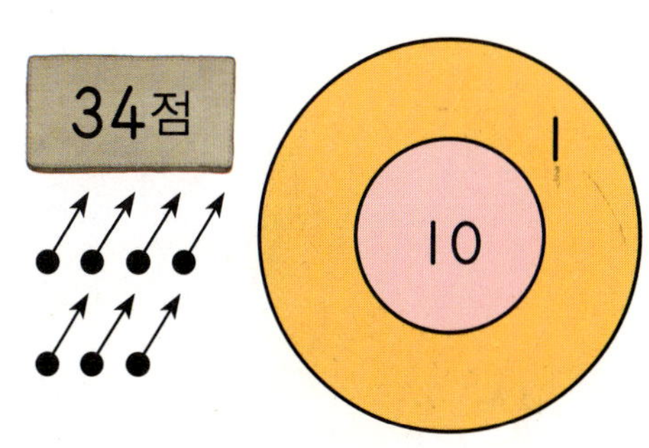
34점
10
1

공부한 날
월
일

수의 순서

자동차가 수의 순서대로 지나가고 있어요.

🌳 수의 순서대로 빈 곳에 알맞은 수를 쓰세요.

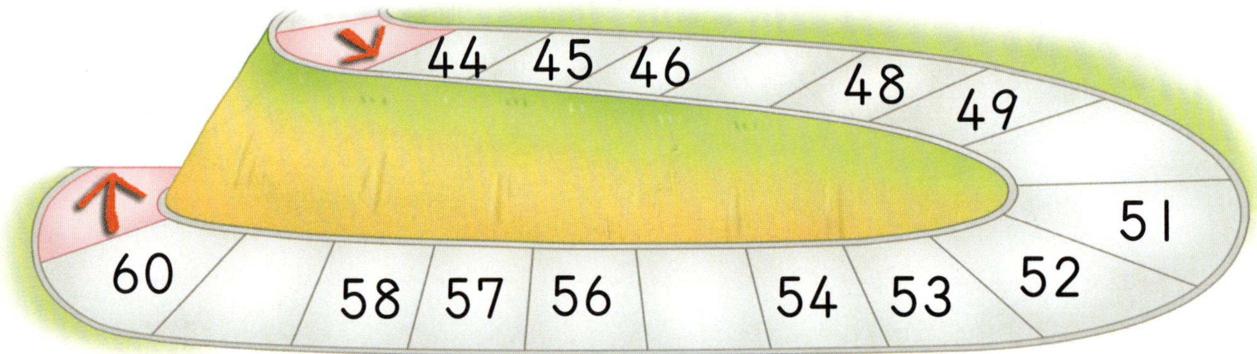

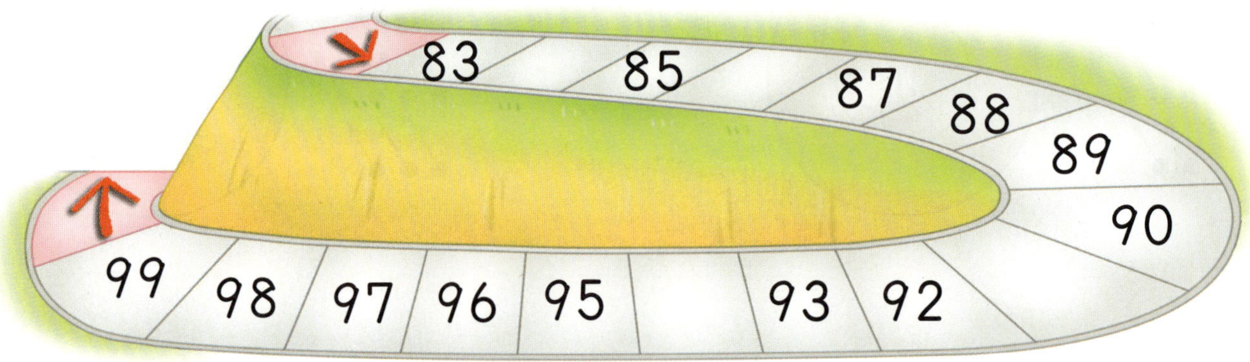

수의 순서대로 빈칸에 알맞은 수를 쓰세요.

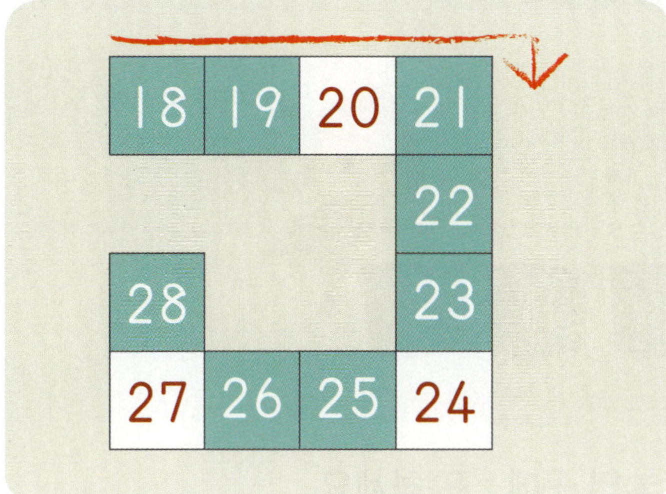

19 다음은 20,
23 다음은 24,
26 다음은 27

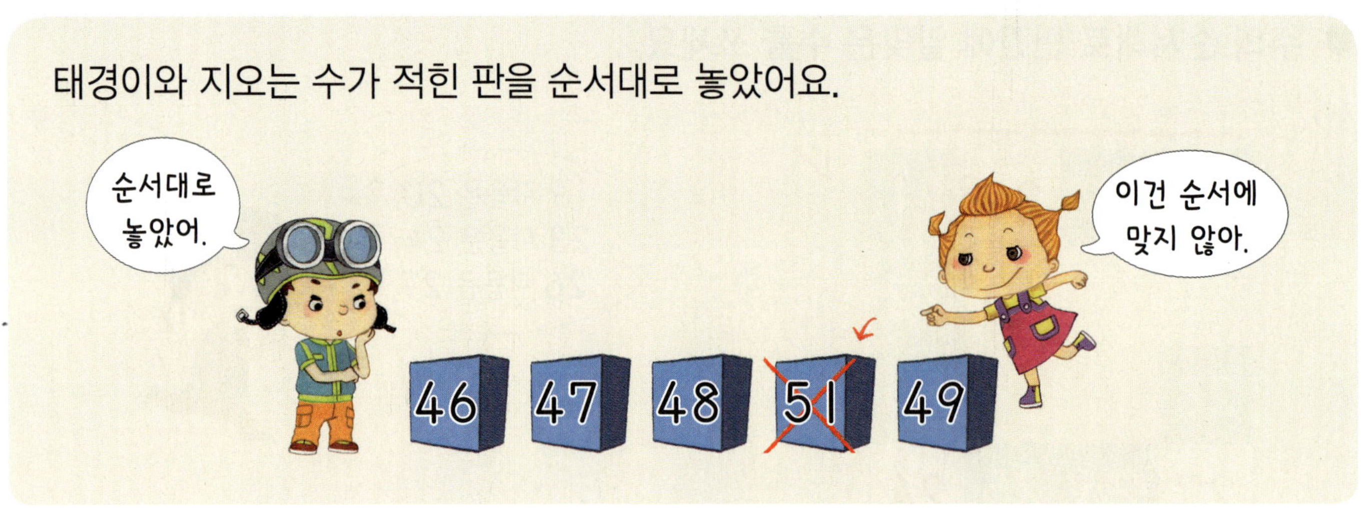

🌳 수가 적힌 판을 순서대로 놓았어요. 잘못 놓인 곳에 ×표 하세요.

수 카드를 순서대로 놓았어요. 잘못 놓인 카드에 ×표 하세요.

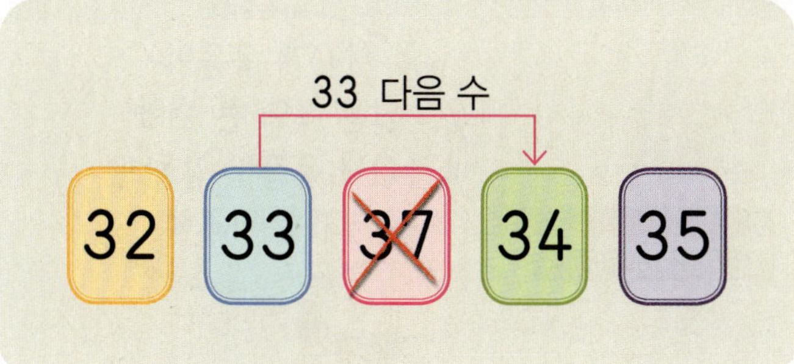

33 다음 수
32 33 37 34 35

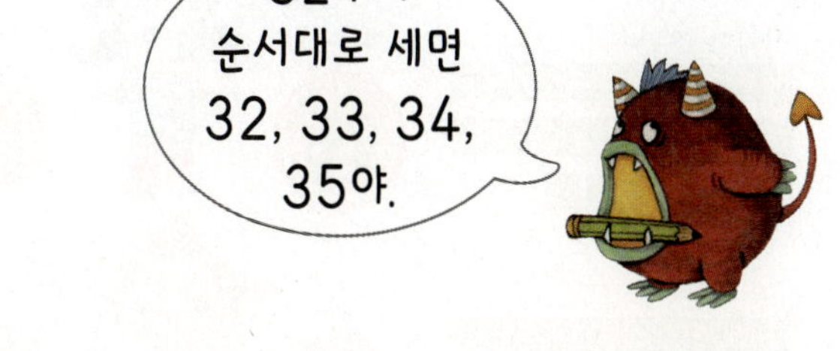

32부터 순서대로 세면 32, 33, 34, 35야.

55 56 57 60 58
81 82 83 84 86

29 30 28 31 32
68 67 69 70 71

93 94 95 98 96
47 48 45 49 50

39 50 51 52 53
76 77 78 97 79

공부한 날
월
일

10묶음으로 크기 비교하기

🌳 연결큐브를 세어 보고 더 큰 수에 ◯표 하세요.

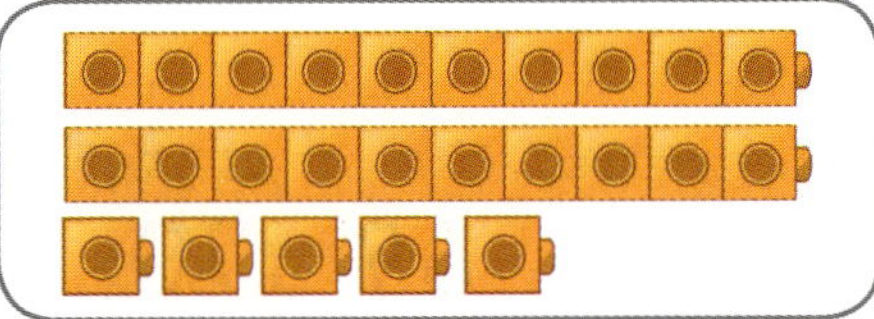

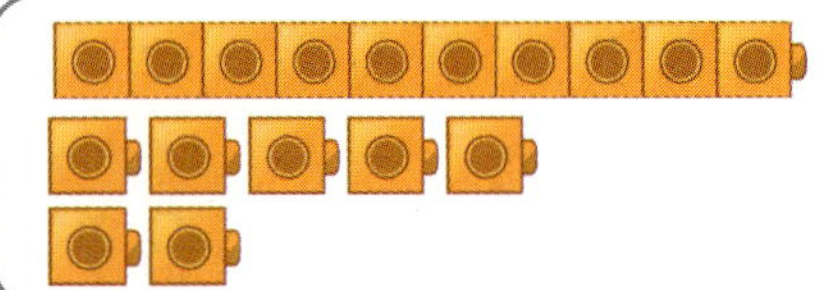

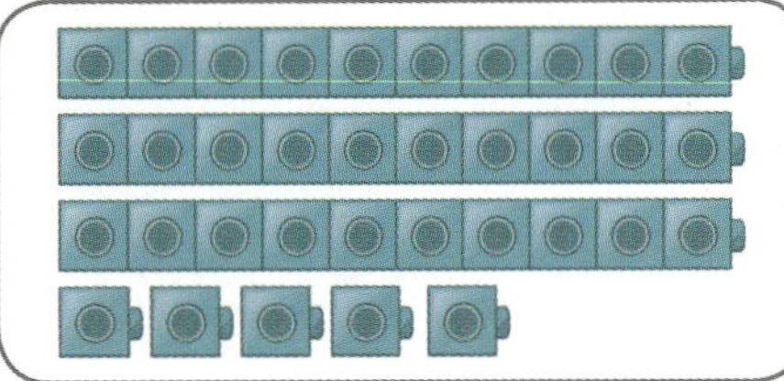

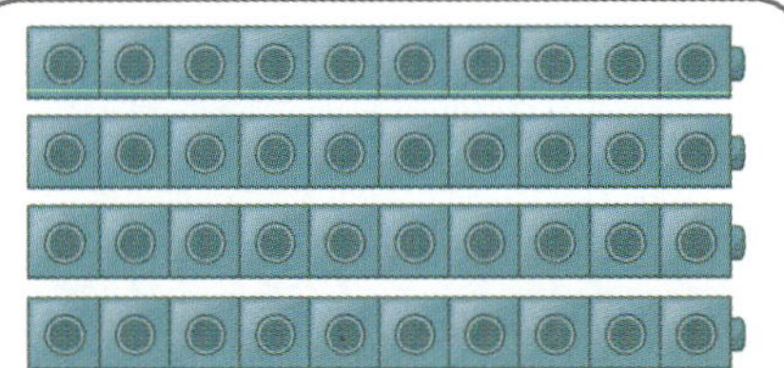

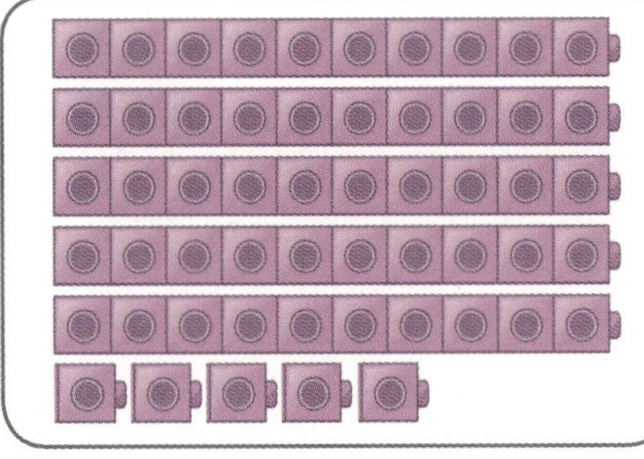

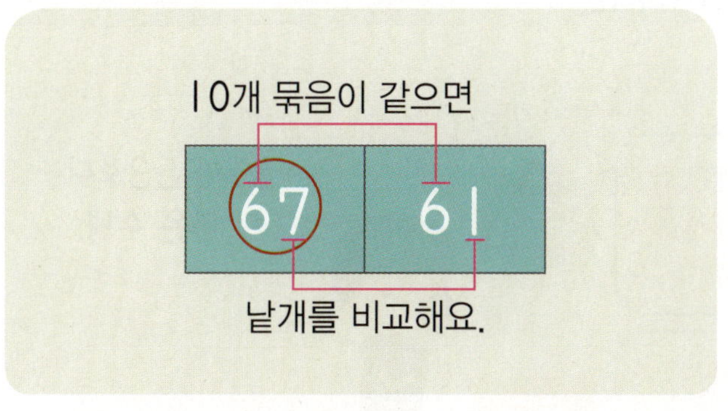

29	49
32	26
36	39

60	42
58	56
71	85

92	29
60	64
55	17

69	70
86	88
46	27

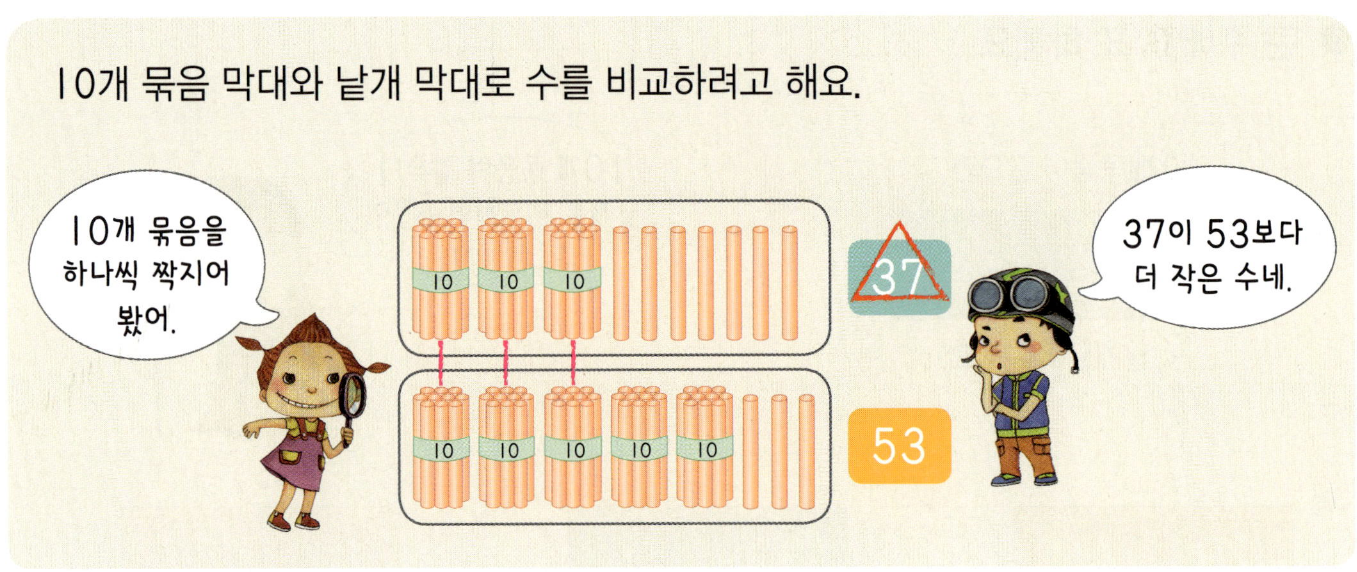

🌳 10개 묶음과 낱개를 비교하여 작은 수에 △표 하세요.

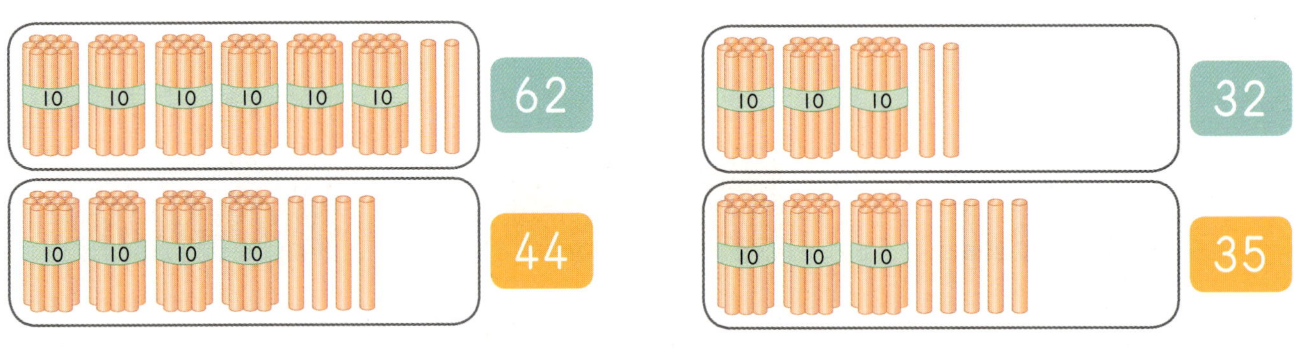

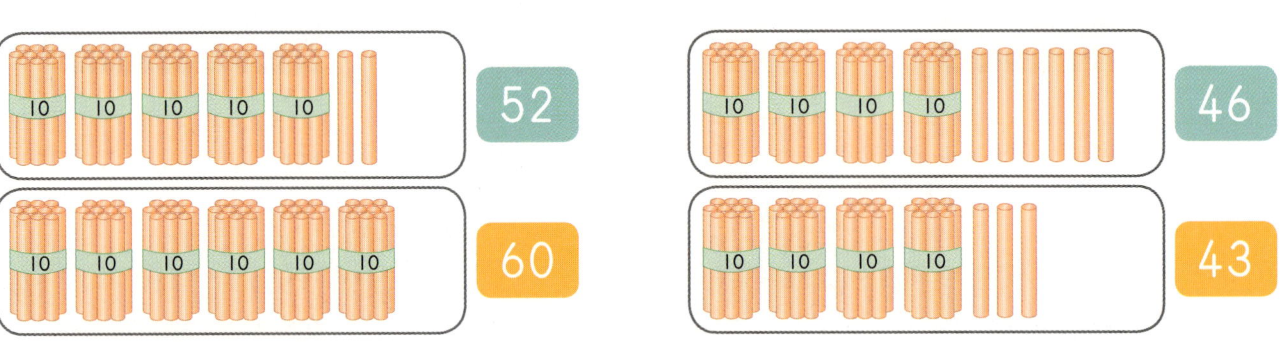

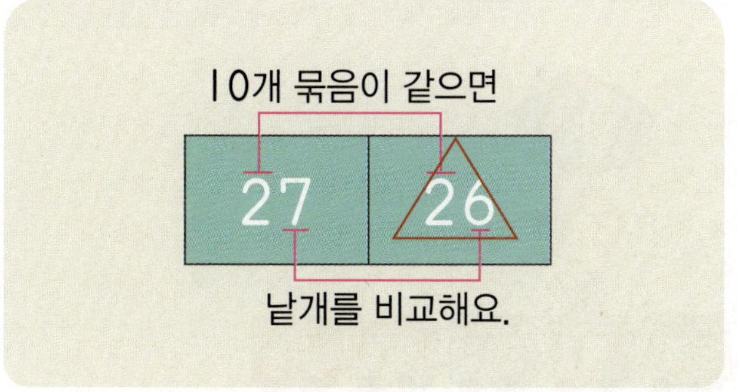

| 30 | 35 |

| 14 | 19 |

| 45 | 25 |

| 63 | 57 |

| 39 | 36 |

| 90 | 89 |

| 72 | 79 |

| 45 | 47 |

| 68 | 46 |

| 87 | 93 |

| 70 | 67 |

| 59 | 50 |

순서로 크기 비교하기

태경이와 지오는 수가 순서대로 써 있는 기차를 타고 있어요.

🌳 두 수를 찾아 색칠하고 더 큰 수에 ◯표 하시오.

큰 수에 ◯표 하세요.

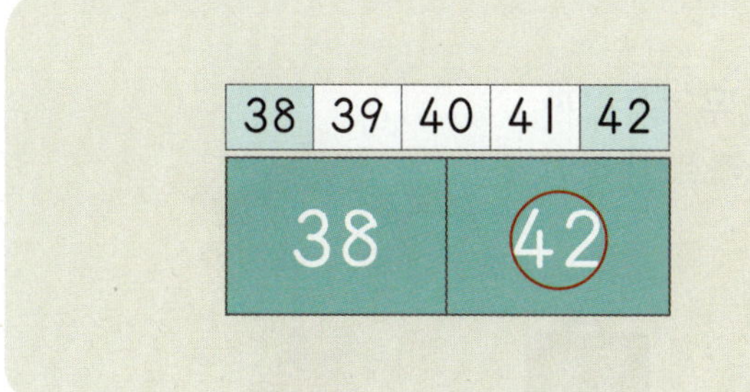

54	56

33	48

68	61

35	27

62	71

48	60

81	75

74	70

89	100

24	44

98	96

72	59

태경이와 지오는 어느 가방이 더 무거운지 알아보고 있어요.

🌳 두 수의 크기를 비교하여 빈 곳에 알맞은 수를 쓰세요.

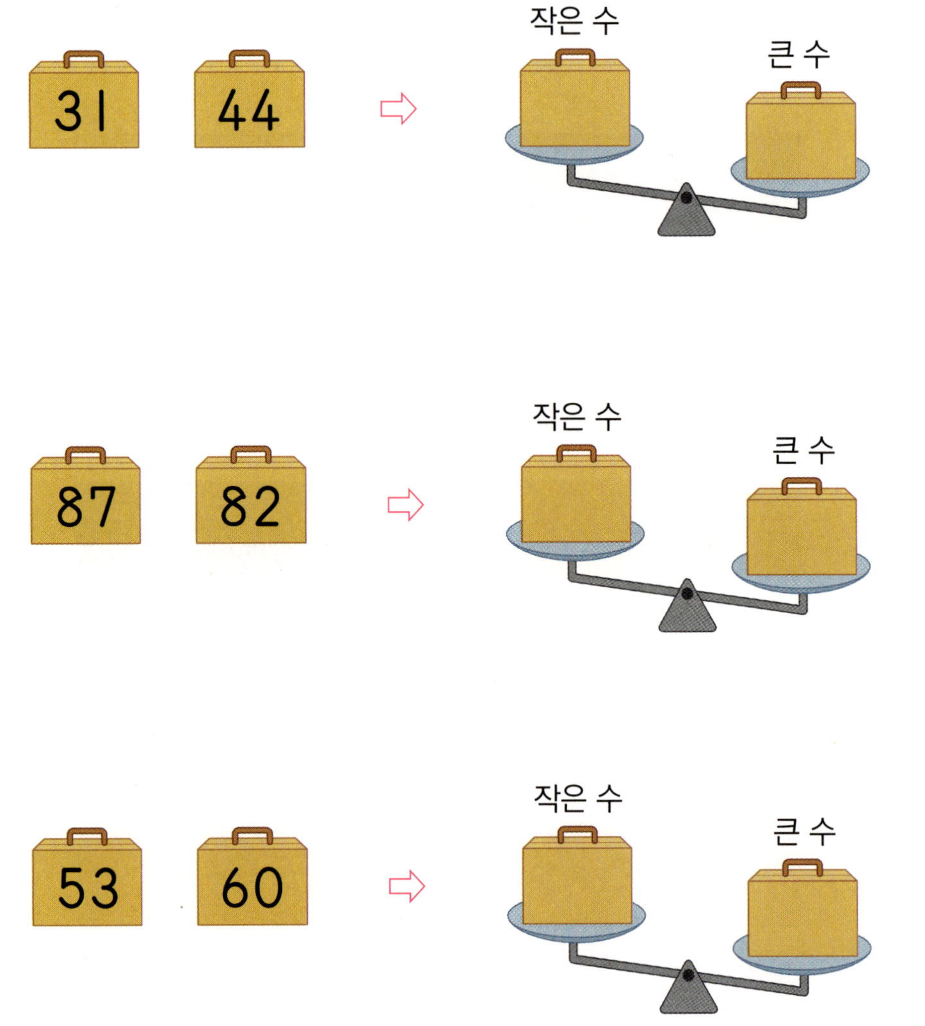

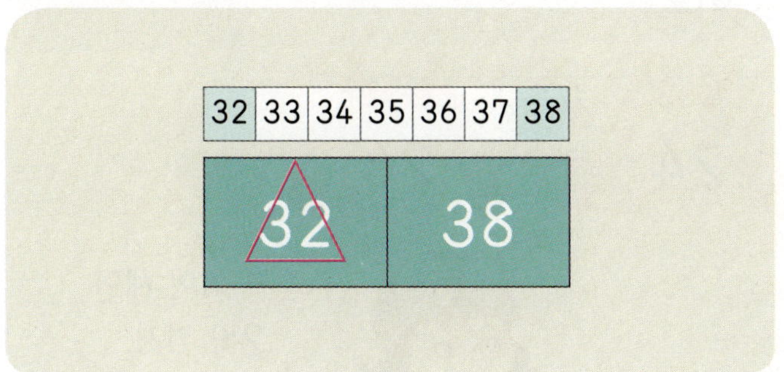

61	68

44	52

33	26

59	70

58	56

85	93

43	24

48	42

77	67

100	90

74	78

45	52

뛰어 세기

🌳 2씩 뛰어 세어 마지막 옷에 알맞은 수를 쓰세요.

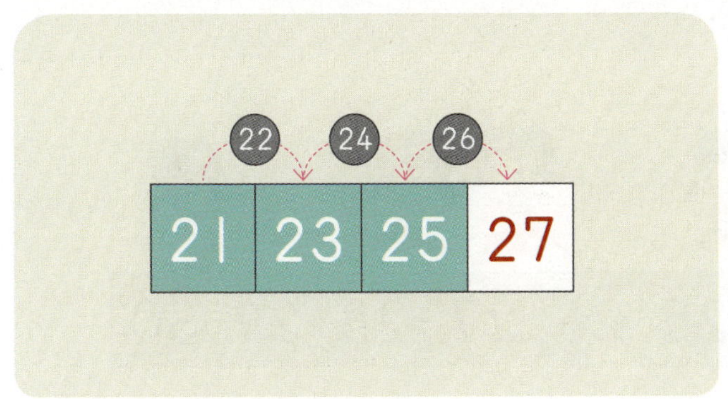

| 26 | 28 | 30 | |

| 60 | 62 | | 66 |

| 53 | 55 | | 59 |

| 38 | | 42 | 44 |

| 77 | 79 | | 83 |

| 84 | 86 | 88 | |

| 59 | 61 | 63 | |

| 94 | | 98 | 100 |

태경이가 수 상자를 3칸씩 건너 뛰고 있어요.

🌳 분홍색으로 색칠된 수부터 3씩 뛰어 센 수에 ◯표 하세요.

31	32	33	34	35	36	37	38	39	40

51	52	53	54	55	56	57	58	59	60

66	67	68	69	70	71	72	73	74	75

86	87	88	89	90	91	92	93	94	95

● 3씩 뛰어 세어 빈칸에 알맞은 수를 쓰세요.

🌲 긴 초는 10살, 짧은 초는 1살을 나타내요. 몇 살인지 ☐ 안에 쓰세요.

☐ 살

☐ 살

🌲 과녁판의 분홍색을 맞히면 10점, 주황색을 맞히면 1점을 얻어요. ☐ 안에 점수를 쓰세요.

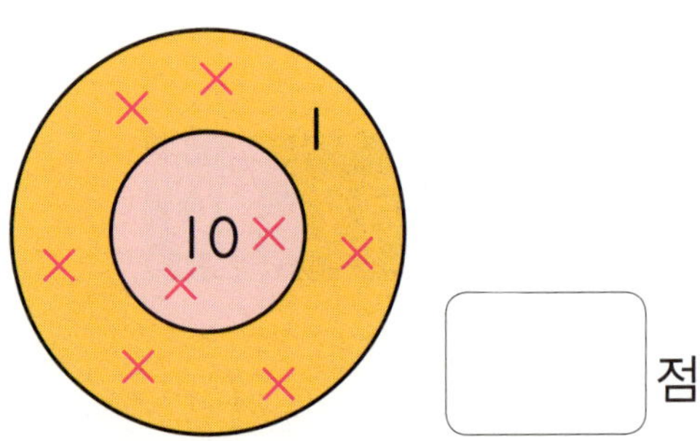

☐ 점

☐ 점

🌲 수의 순서대로 빈칸에 알맞은 수를 쓰세요.

27	28		30
			31
37			32
	35	34	

76	77	78	
			80
			81
85	84		82

🌲 수 카드를 순서대로 놓았어요. 잘못 놓인 카드에 ×표 하세요.

🌲 큰 수에 ◯표 하세요.

🌲 작은 수에 △표 하세요.

🌲 2씩 뛰어 세어 빈칸에 알맞은 수를 쓰세요.

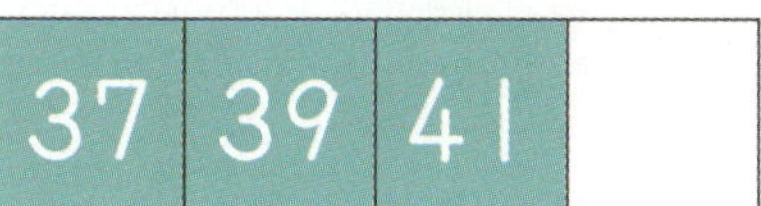

연산력 게임

QR코드를 찍으면 다양한 연산 게임을 할 수 있어요.

생일축하해요

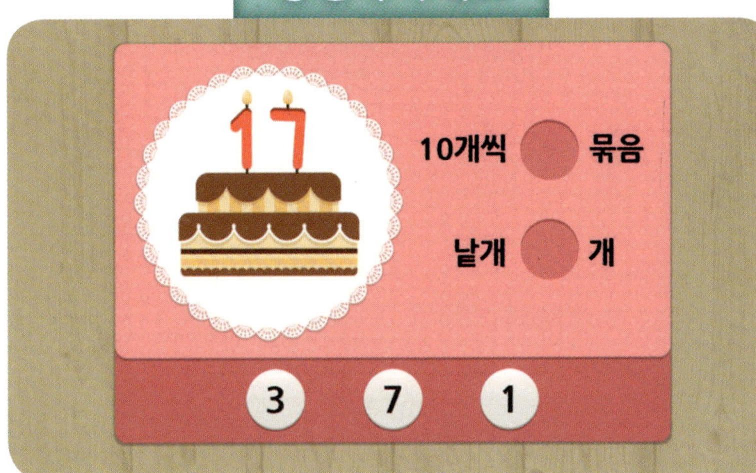

케이크 위의 수만큼 10개씩 묶음의 수와 낱개의 수를 찾아보세요.

아래쪽에서 찾아 손가락으로 끌어 넣으세요.
1을 10개씩 묶음의 자리에, 7을 낱개의 자리에 넣으면 정답입니다.

두더지에 써 있는 수 중 큰 수를 찾아보세요.

더 큰 수를 찾아 손가락으로 눌러 보세요.
23을 누르면 정답입니다.

두더지를 잡아요

수 배열표

▶ 연산 보충 학습(108쪽)에서 더 풀어 보세요.

학부모 지도 가이드

이번 차시에서는 그동안 배운 100까지의 수를 가로, 세로에 놓여진 수 배열표를 통하여 수 배열의 규칙을 알아보게 됩니다.

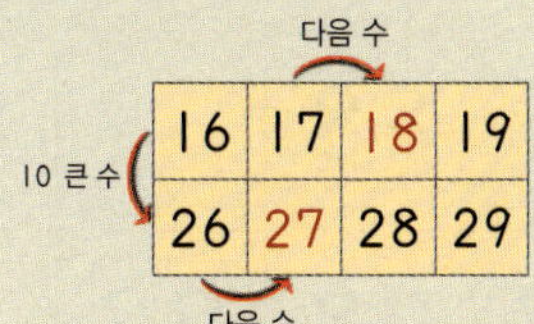

오른쪽과 왼쪽으로 갈수록, 위와 아래로 갈수록 수의 변화가 어떻게 되는지 알고 표의 빈 자리의 값을 알아보는 과정을 통해 수의 체계를 바로 잡을 수 있도록 지도해 주세요.

100 까지의 수 배열표

사물함의 각 자리에는 번호가 순서대로 쓰여 있어요.

● 수의 순서에 맞게 빈칸에 알맞은 수를 쓰세요.

21	22	23	24		26	27		29	30
		33	34	35	36	37	38		40

51		53	54	55		57	58	59	
61	62		64	65		67	68	69	70

81	82	83	84		86		88		90
91		93	94	95	96	97	98	99	

🌳 수의 순서에 맞게 빈칸에 알맞은 수를 쓰세요.

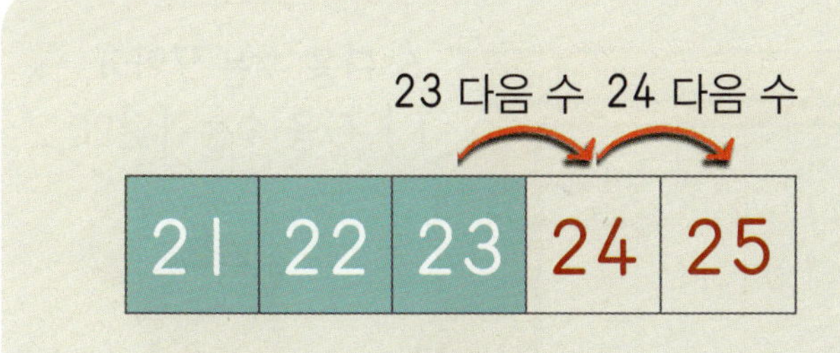

| 31 | 32 | 33 | | |

| 36 | 37 | | 39 | |

| 41 | 42 | | | 45 |

| 46 | 47 | | | 50 |

| 71 | 72 | | 74 | |

| 75 | | 77 | | 79 |

| 91 | | 93 | | 95 |

| 96 | 97 | | 99 | |

1	2	3	4	5	6	7	8	9	10
11	12	13	14	15	16	17	18	19	20
21	22	23	24	25	26	27	28	29	30

🌳 수의 순서에 맞게 빈칸에 알맞은 수를 쓰세요.

31	32		34	35		37	38	39	
41	42	43		45	46		48	49	
		53	54	55	56	57	58	59	60
61		63	64		66	67	68		70
71		73	74	75	76		78	79	80
81	82	83		85	86	87		89	
91	92	93	94	95			98		100

🌱 **수의 순서에 맞게 빈칸에 알맞은 수를 쓰세요.**

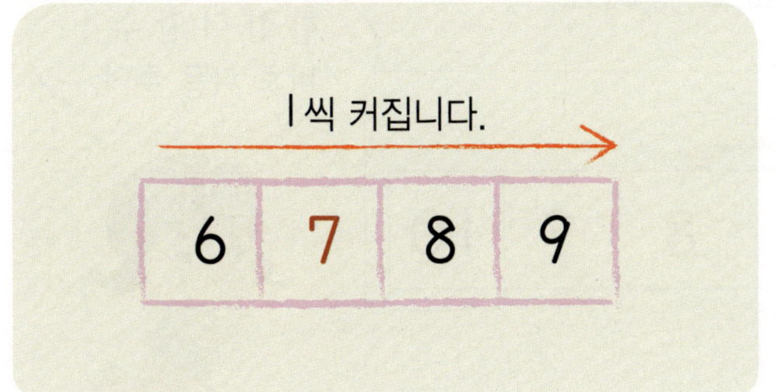

1	2	3	4	5	6		8	9	10
11		13	14	15		17	18	19	
21		23	24	25	26		28	29	30
	32	33		35	36	37	38	39	40
41			44	45	46	47		49	50
51	52	53	54	55		57		59	
61	62	63	64		66		68	69	
71	72	73		75	76	77		79	80
81	82		84	85		87	88	89	90
	92	93	94		96	97		99	

공부한 날

월

일

다음 수와 이전 수

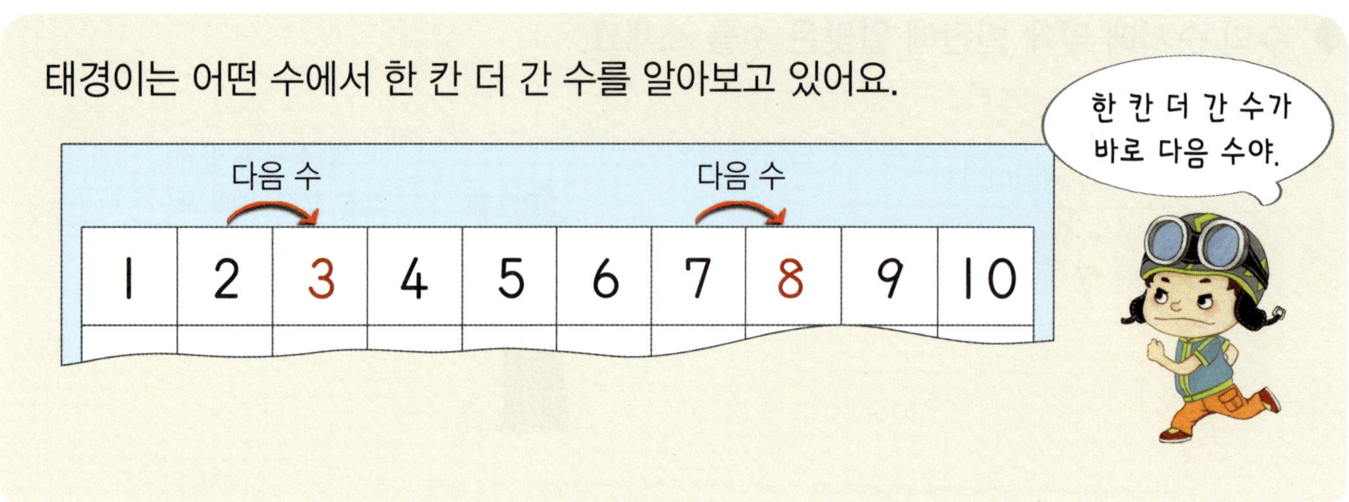

🌳 수 배열표에서 한 칸 더 가면 다음 수예요. 빈칸에 알맞은 수를 쓰세요.

| 11 | 12 | 13 | | 15 | 16 | 17 | 18 | 19 | |

| 41 | 42 | 43 | 44 | | 46 | | 48 | 49 | 50 |

| 71 | 72 | | 74 | 75 | 76 | 77 | | 79 | 80 |

| 91 | 92 | 93 | 94 | 95 | | 97 | 98 | | 100 |

● 수 배열표의 일부분이에요. 빈칸에 알맞은 수를 쓰세요.

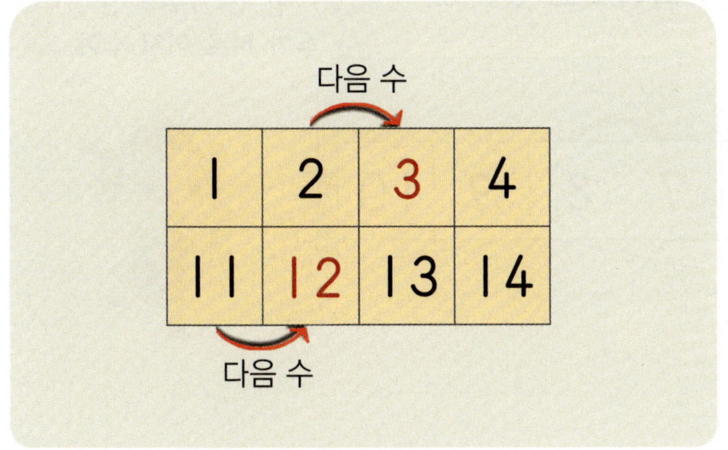

5	6		8
15		17	18

17	18		20
27	28	29	

33	34		36
43	44		46

66	67	68	
76	77		79

51	52		54
61		63	64

87	88		90
97	98	99	

지오는 어떤 수에서 한 칸 거꾸로 간 수를 알아보고 있어요.

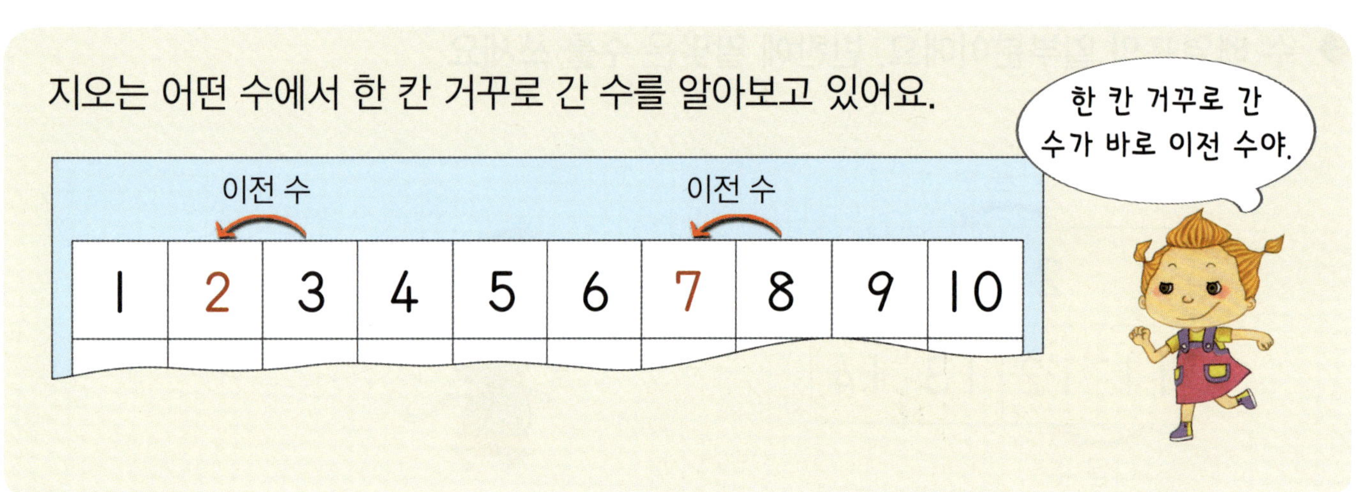

🌳 수 배열표에서 한 칸 거꾸로 가면 이전 수예요. 빈칸에 알맞은 수를 쓰세요.

| 11 | 12 | | 14 | 15 | 16 | 17 | 18 | 19 | 20 |

| 31 | 32 | 33 | 34 | 35 | | 37 | 38 | | 40 |

| 61 | 62 | 63 | | 65 | 66 | | 68 | 69 | 70 |

| 92 | 93 | 94 | | 96 | 97 | 98 | 99 | 100 |

🌳 **수 배열표의 일부분이에요. 빈칸에 알맞은 수를 쓰세요.**

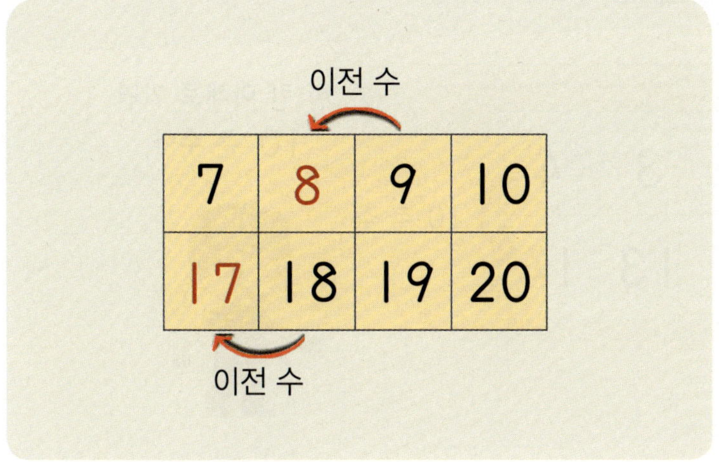

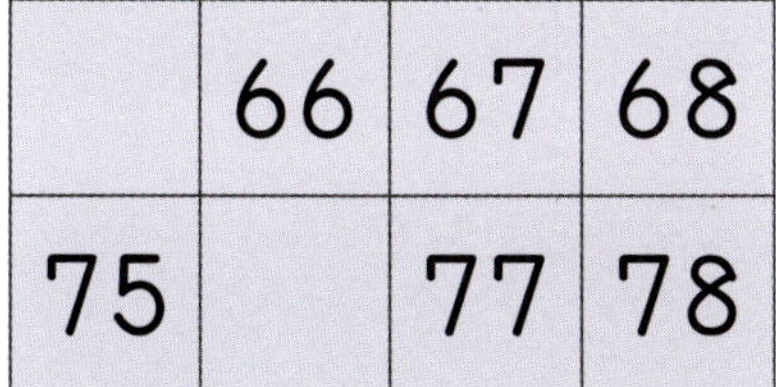

13		15	16
23		25	26

26		28	29
	37	38	39

	66	67	68
75		77	78

	52	53	54
61		63	64

87	88		90
97	98		100

71	72		74
81		83	84

10 큰 수와 10 작은 수

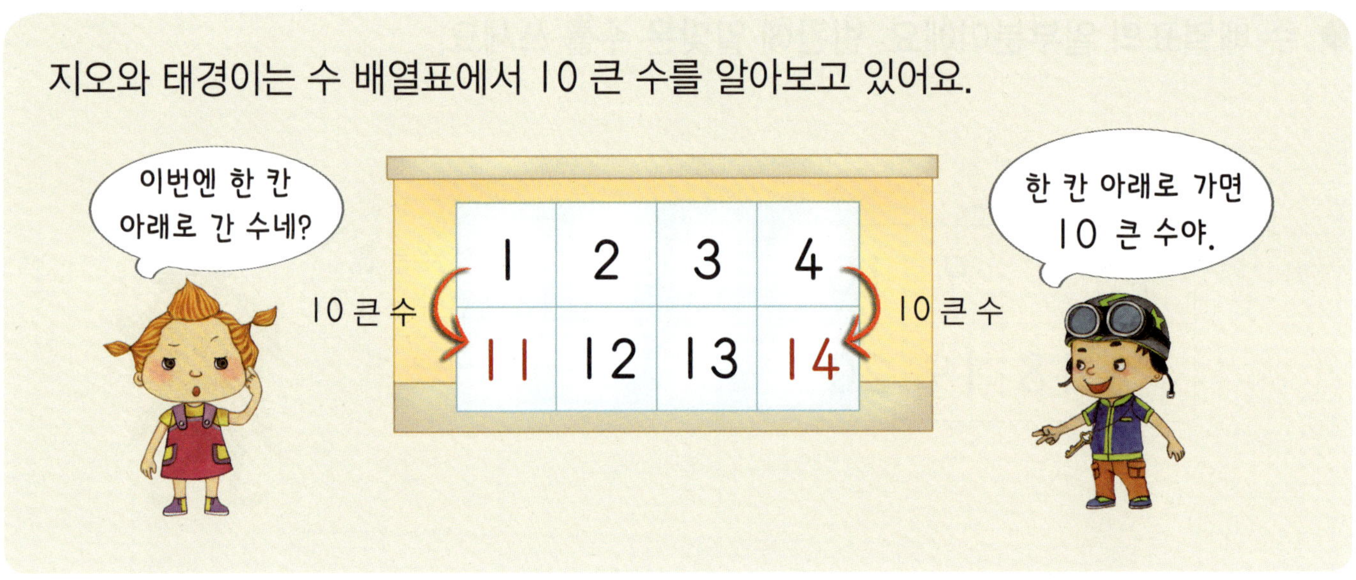

● 수 배열표에서 한 칸 아래로 가면 10 큰 수예요. 빈칸에 알맞은 수를 쓰세요.

5	6	7	8
15		17	

22	23	24	25
	33	34	

57	58	59	60
67		69	

81	82	83	84
91			94

🌳 수 배열표의 일부분이에요. 빈칸에 알맞은 수를 쓰세요.

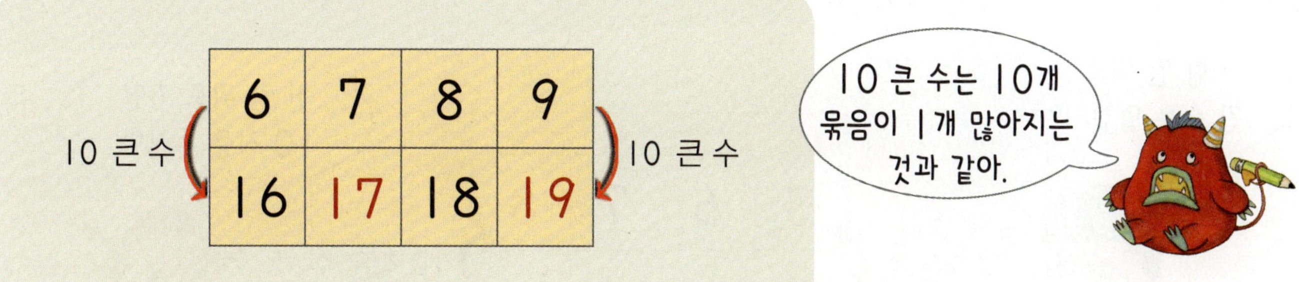

5	6	7	8
15		17	

17	18	19	20
27	28		

33	34	35	36
43			46

66	67	68	69
	77		79

51	52	53	54
61		63	

87	88	89	90
	98	99	

태경이와 지오는 수 배열표에서 10 작은 수를 알아보고 있어요.

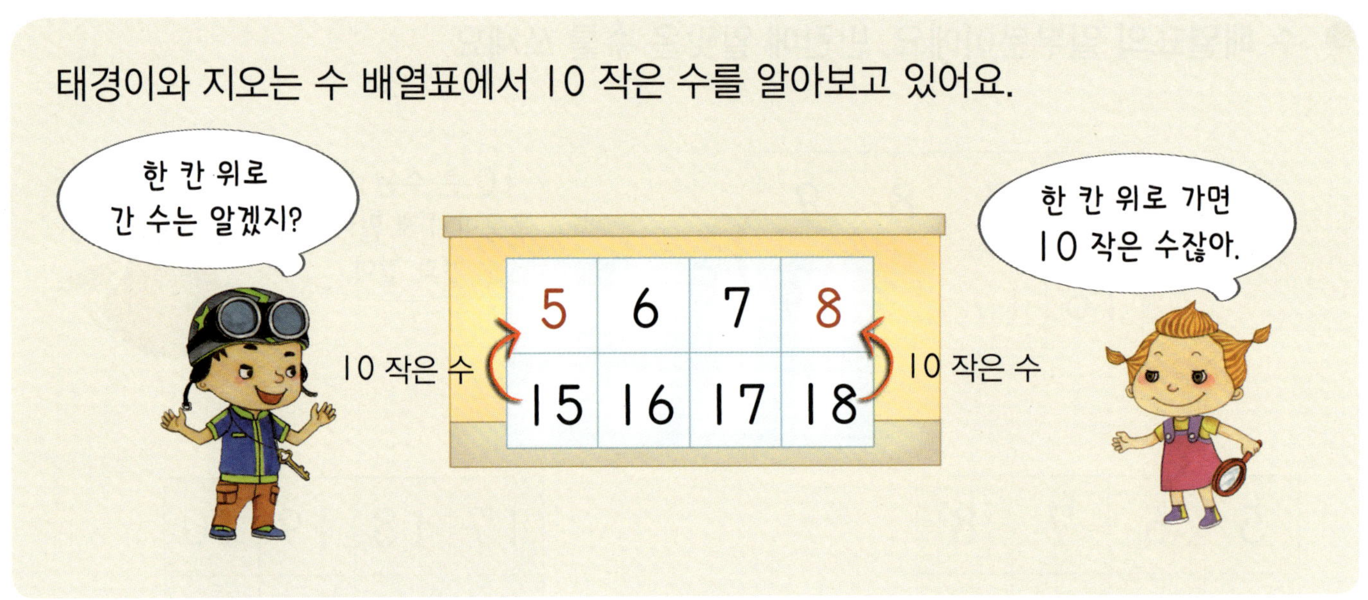

🌳 수 배열표에서 한 칸 위로 가면 10 작은 수예요. 빈칸에 알맞은 수를 쓰세요.

	18		20
27	28	29	30

31		33	
41	42	43	44

		65	66
73	74	75	76

		88	89
97	98	99	100

🌳 **수 배열표의 일부분이에요. 빈칸에 알맞은 수를 쓰세요.**

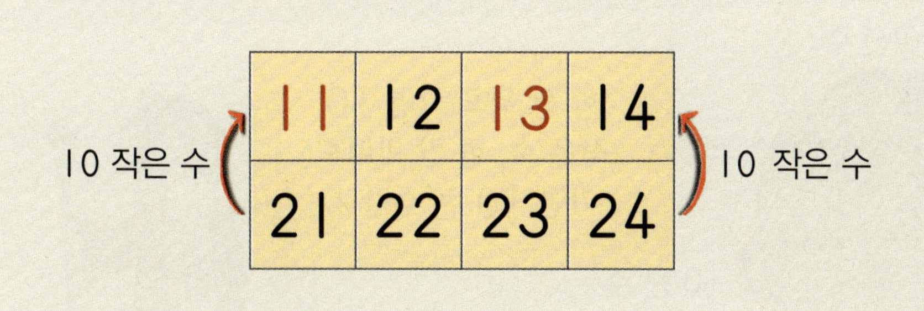

7	8		
17	18	19	20

	26		28
35	36	37	38

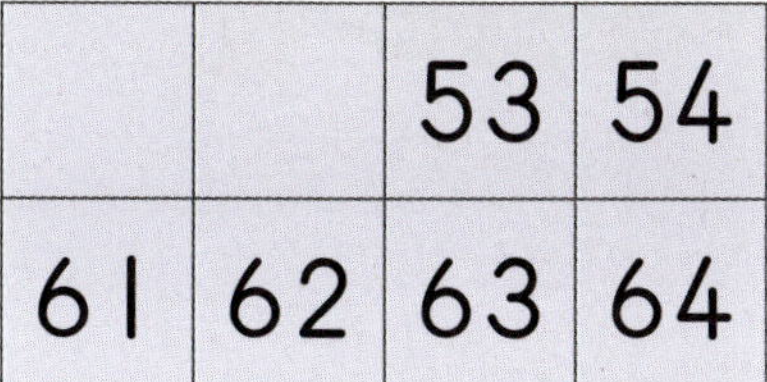

		53	54
61	62	63	64

47	48		
57	58	59	60

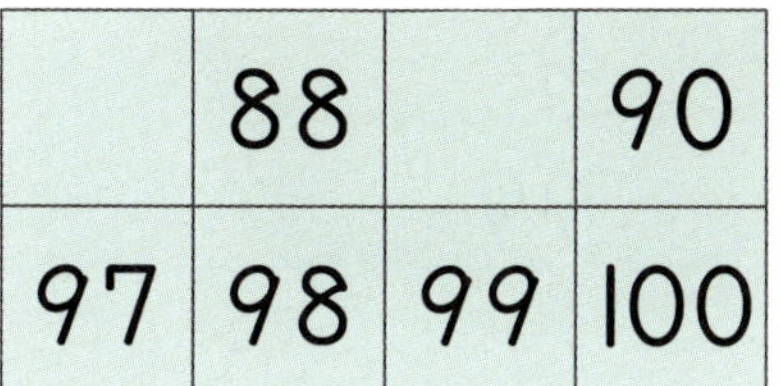

	88		90
97	98	99	100

		65	66
73	74	75	76

수 배열표 완성하기

거북 등에 있는 수를 보고 규칙을 찾아내려고 해요.

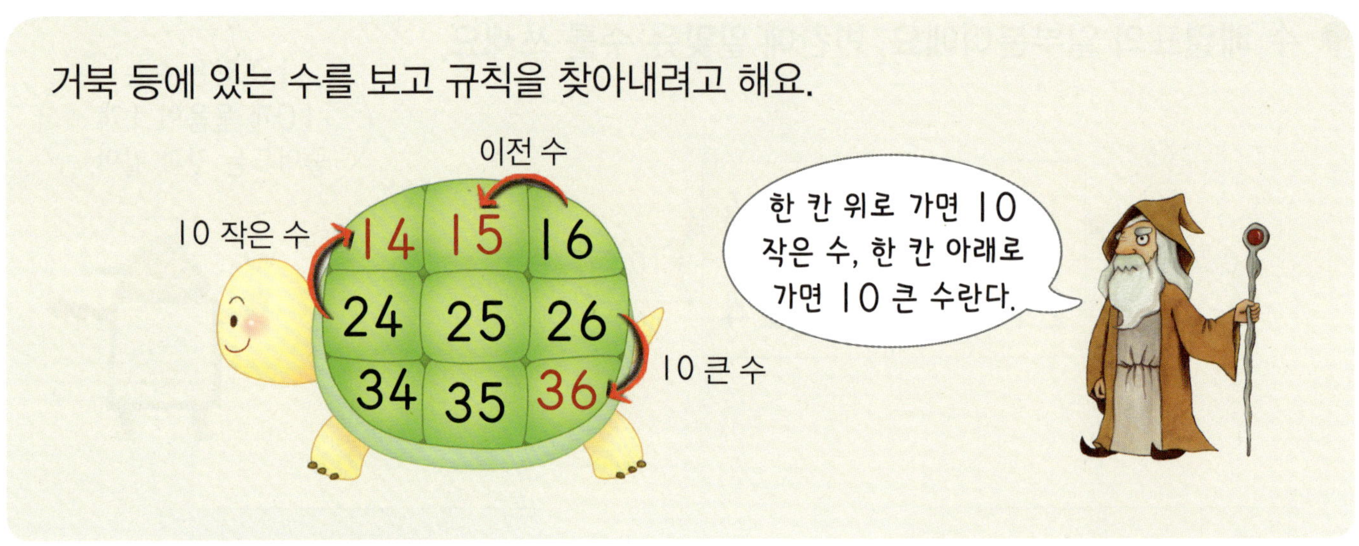

🌱 빈칸에 알맞은 수를 쓰세요.

수 배열표의 일부분이에요. 빈칸에 알맞은 수를 쓰세요.

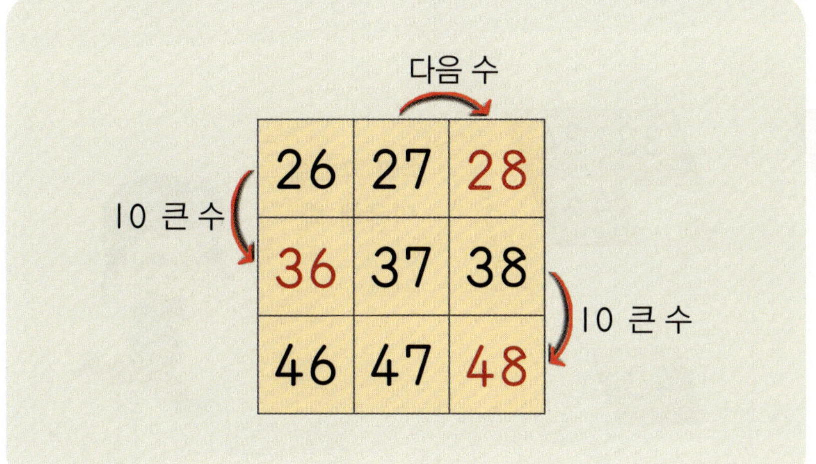

18		20
	29	30
	39	40

64	65	
74	75	
84		86

42		44
52		54
	63	64

	76	77
85	86	87
	96	

태경이는 빈 곳에 들어갈 수를 찾고 있어요.

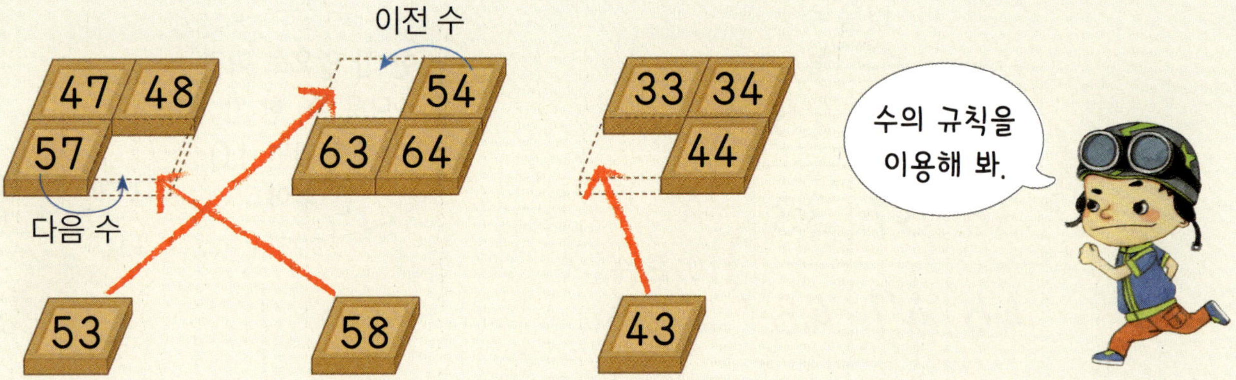

수 배열표의 한 부분이에요. 빈 곳에 들어갈 수를 찾아 선으로 이으세요.

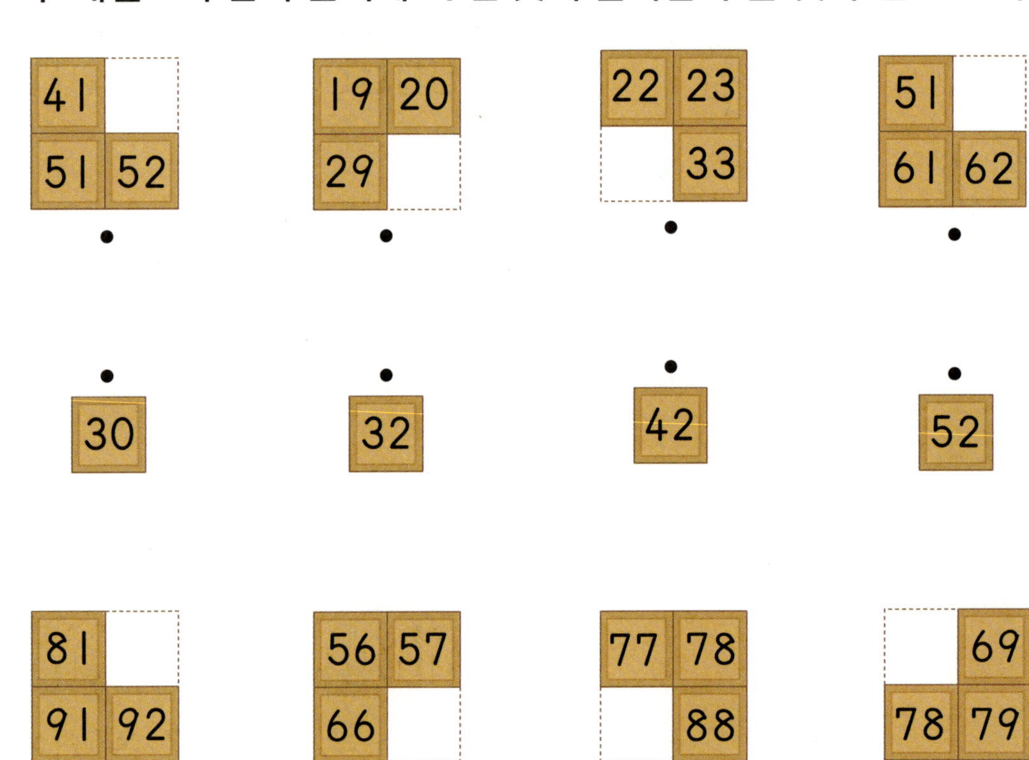

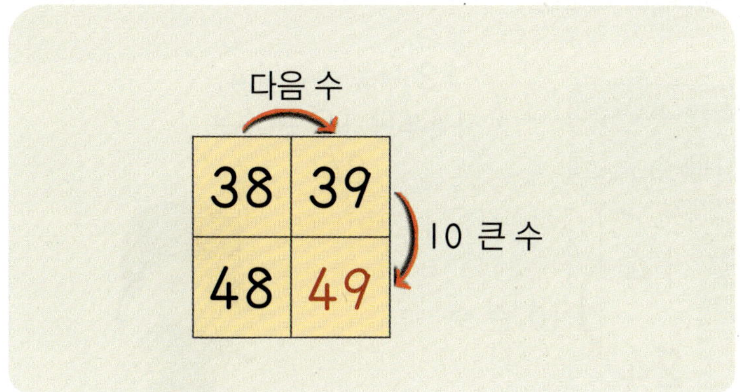

● 수 배열표의 일부분이에요. 빈칸에 알맞은 수를 쓰세요.

4	5
	15

26	27
36	

41	42
	52

69	
79	80

	54
63	64

82	83
92	

	36
45	46

89	90
99	

71	
81	82

수 배열표 규칙

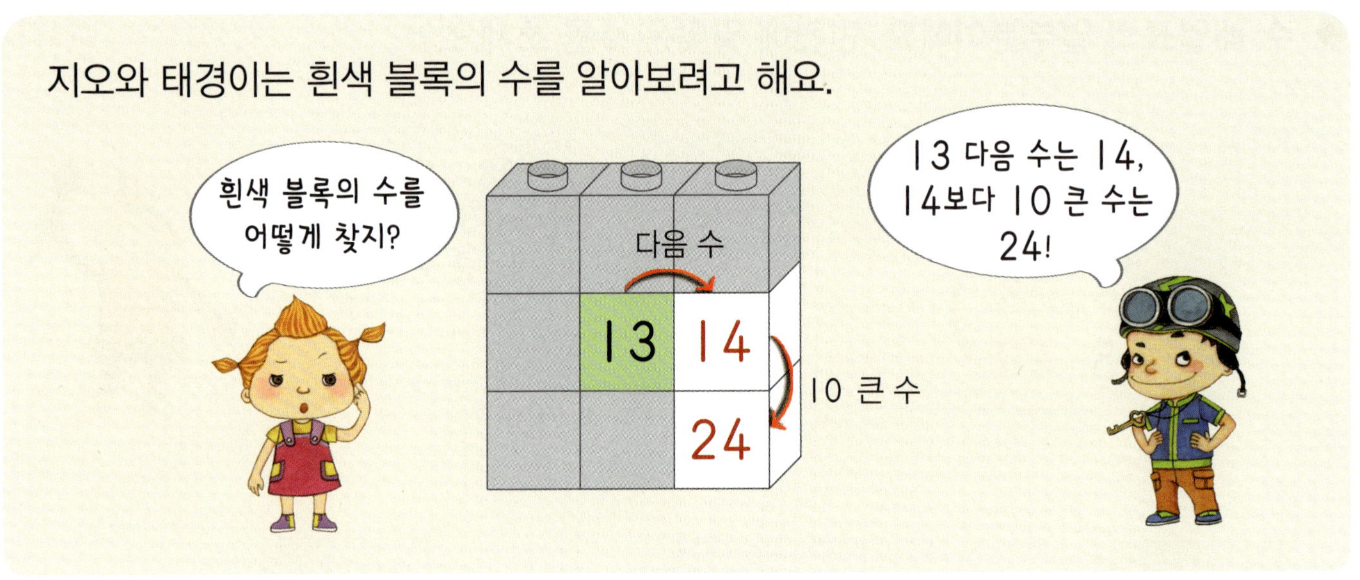

🌳 수 배열표의 규칙을 이용하여 흰색 블록에 알맞은 수를 쓰세요.

🌳 수 배열표의 규칙을 이용하여 빈칸에 알맞은 수를 쓰세요.

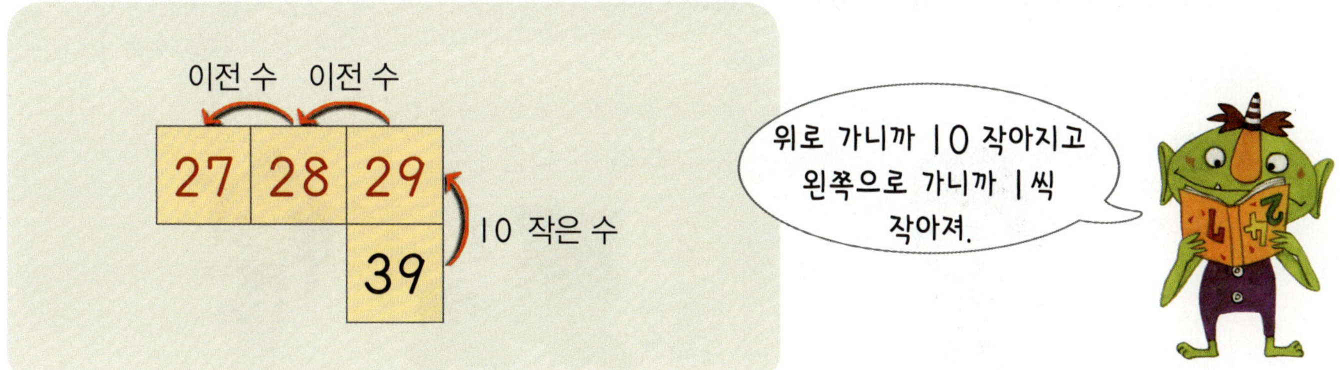

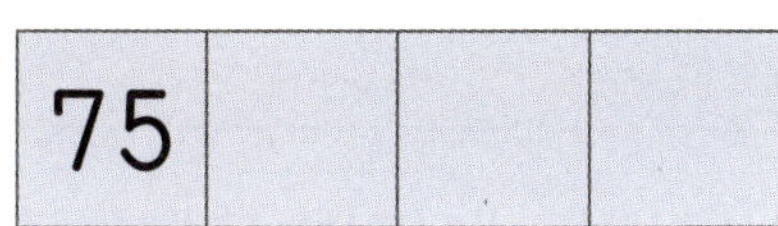

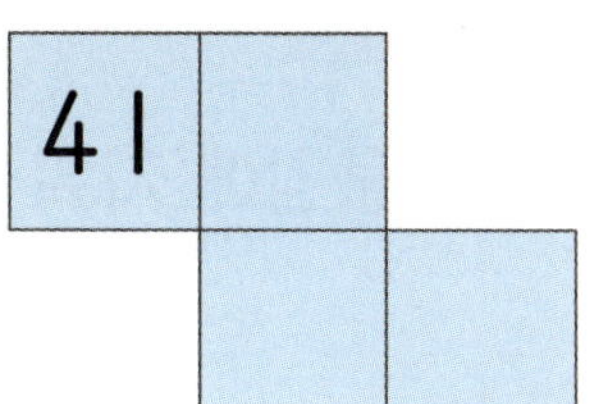

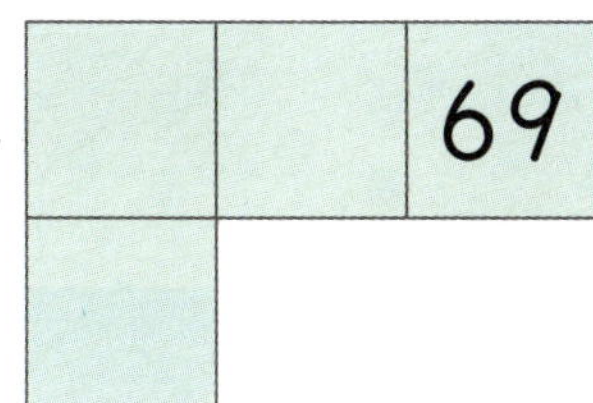

스케치북에 있는 수 배열표의 수가 지워졌어요.

🌳 수 배열표의 수가 물감에 지워졌어요. 흰색 빈칸에 알맞은 수를 쓰세요.

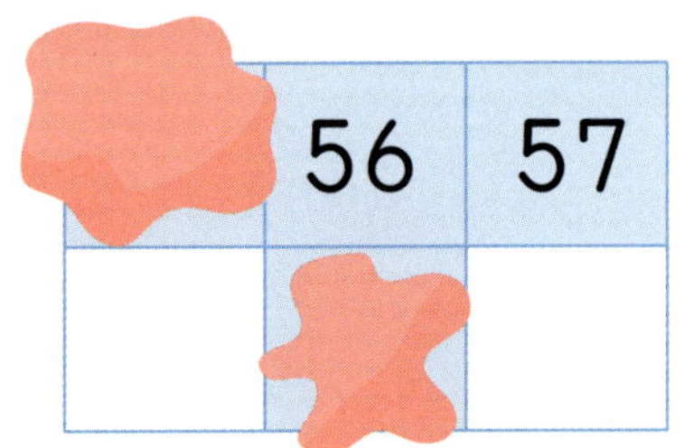

🌳 **수 배열표의 일부분이 보이지 않아요. 흰색 빈칸에 알맞은 수를 쓰세요.**

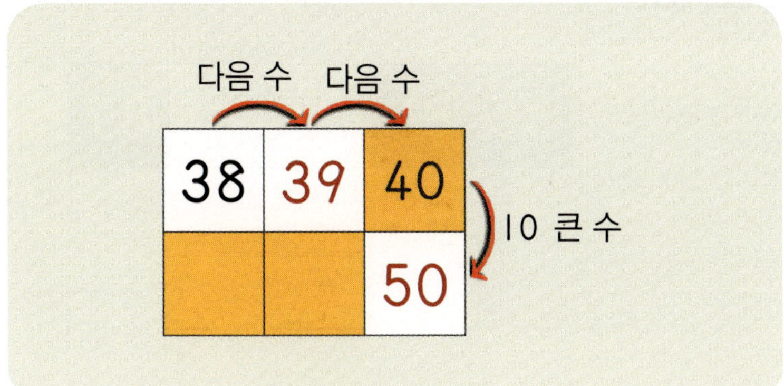

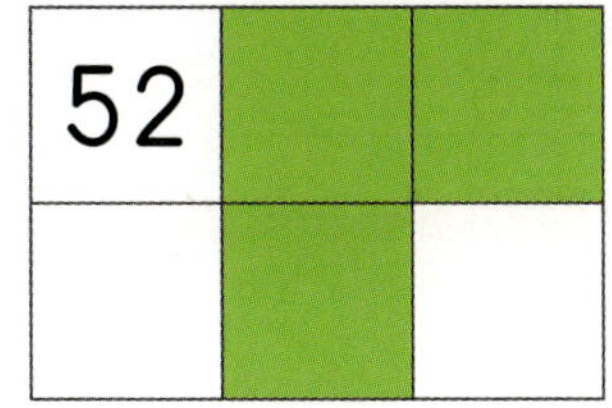

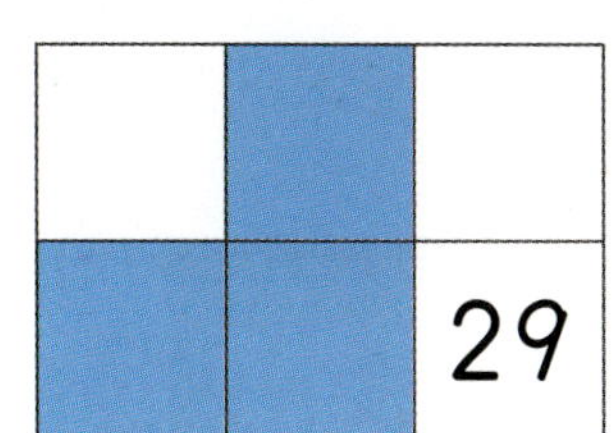

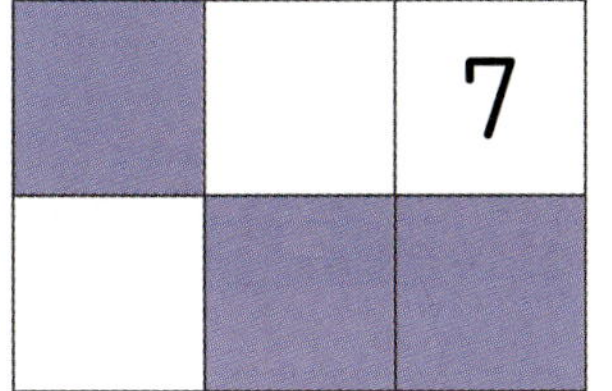

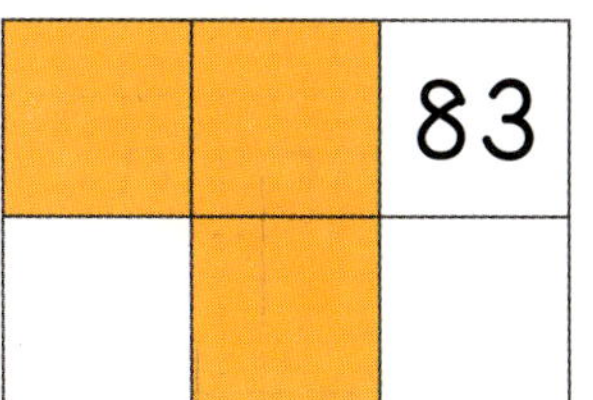

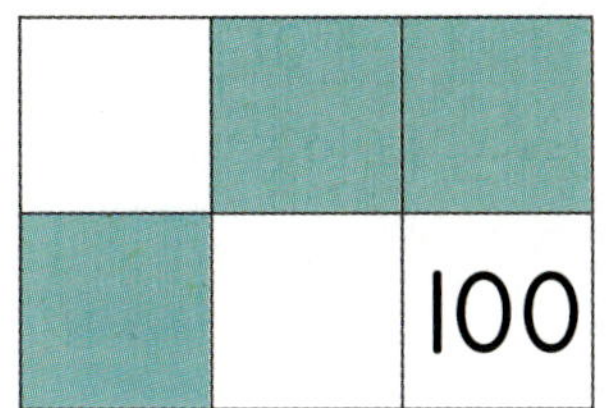

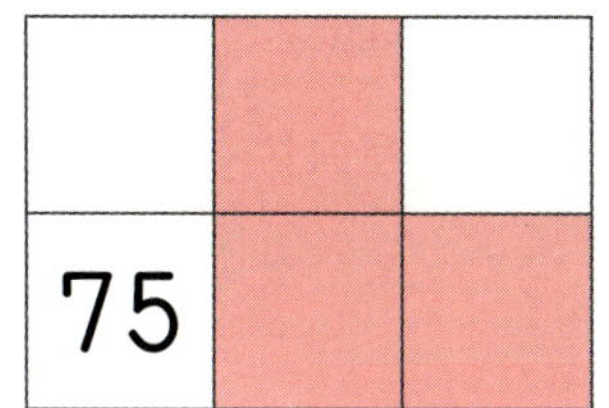

무엇을 배웠을까요

🌲 수의 순서에 맞게 빈칸에 알맞은 수를 쓰세요.

| 26 | 27 | | 29 | |

| 85 | 86 | | | 89 |

🌲 수 배열표의 한 부분이에요. 빈칸에 알맞은 수를 쓰세요.

| 34 | 35 | 36 | 37 |
| 44 | | 46 | |

| | | 67 | 68 |
| 76 | 77 | 78 | 79 |

🌲 수 배열표의 한 부분이에요. 빈칸에 알맞은 수를 쓰세요.

🌲 **수 배열표의 한 부분이에요. 빈 곳에 들어갈 수를 찾아 선으로 이으세요.**

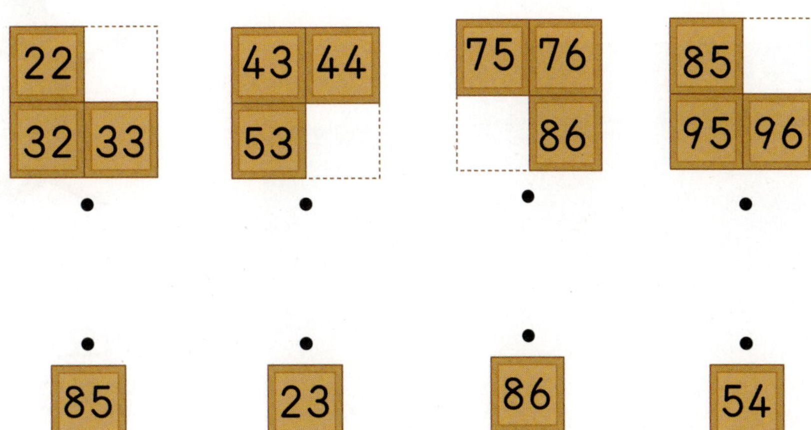

🌲 **수 배열표의 규칙을 이용하여 흰색 블록에 알맞은 수를 쓰세요.**

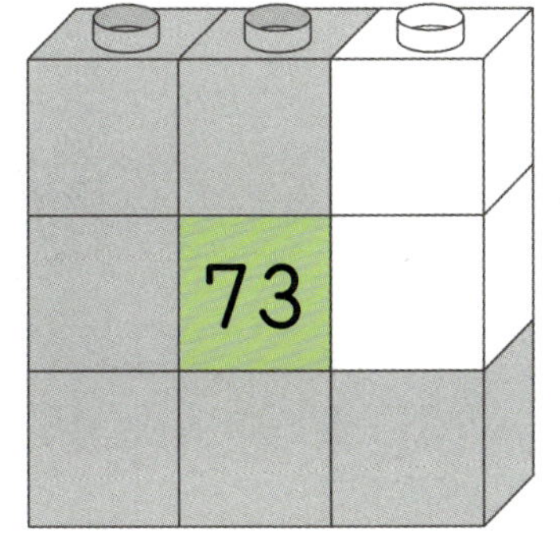

🌲 **수 배열표의 수가 물감에 지워졌어요. 흰색 빈칸에 알맞은 수를 쓰세요.**

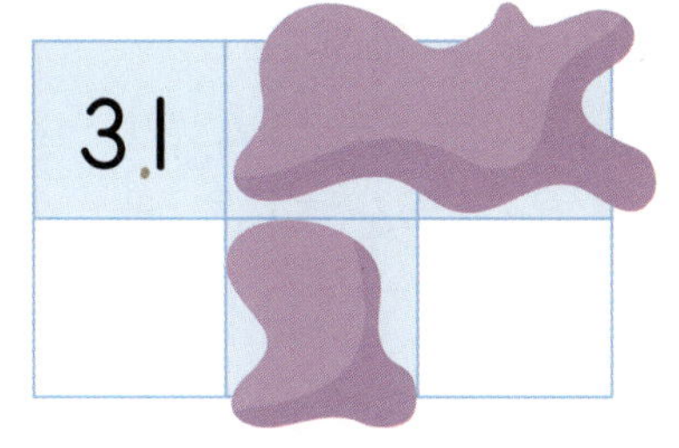

QR코드를 찍으면 다양한 연산 게임을 할 수 있어요.

풍선이 수의 순서대로 놓여 있어요. 빈 곳의 풍선은 몇 번일까요?

오른쪽에서 찾아 손가락으로 끌어 넣으세요.
57을 넣으면 정답입니다.

퍼즐이 수의 순서대로 놓여 있어요. 빈 곳의 퍼즐을 맞춰 보세요.

오른쪽에서 찾아 손가락으로 끌어 넣으세요.
15 다음에 16을, 14 아래에 18을, 24 다음에 25를 넣으면 정답입니다.

연산 보충 학습

관련 쪽수: 6∼27쪽

❖ ☐ 안에 알맞은 수를 쓰세요.

10개 묶음	낱개
2	0

➡ ☐

10개 묶음	낱개
4	0

➡ ☐

10개 묶음	낱개
2	4

➡ ☐

10개 묶음	낱개
3	1

➡ ☐

10개 묶음	낱개
5	0

➡ ☐

10개 묶음	낱개
4	7

➡ ☐

10개 묶음	낱개
3	5

➡ ☐

10개 묶음	낱개
2	9

➡ ☐

10개 묶음	낱개
3	8

➡ ☐

10개 묶음	낱개
4	2

➡ ☐

❖ 수의 순서대로 빈칸에 알맞은 수를 쓰세요.

| 23 | 24 | 25 | | 27 |

| 46 | | 48 | 49 | 50 |

| 27 | 28 | 29 | 30 | |

| 41 | 42 | 43 | 44 | |

| 39 | | 41 | 42 | 43 |

| 30 | | 32 | 33 | 34 |

❖ 거꾸로 세어 빈칸에 알맞은 수를 쓰세요.

| 24 | 23 | 22 | | 20 |

| 30 | | 28 | 27 | 26 |

| 33 | 32 | 31 | | 29 |

| 42 | 41 | 40 | | 38 |

| 34 | 33 | | 31 | 30 |

| 48 | 47 | 46 | 45 | |

❖ ☐ 안에 알맞은 수를 쓰세요.

10개 묶음	낱개
6	0

→ ☐

10개 묶음	낱개
7	8

→ ☐

10개 묶음	낱개
8	3

→ ☐

10개 묶음	낱개
7	0

→ ☐

10개 묶음	낱개
8	0

→ ☐

10개 묶음	낱개
6	2

→ ☐

10개 묶음	낱개
9	4

→ ☐

10개 묶음	낱개
9	0

→ ☐

10개 묶음	낱개
7	6

→ ☐

10개 묶음	낱개
9	8

→ ☐

❖ 수의 순서대로 빈칸에 알맞은 수를 쓰세요.

| 57 | 58 | 59 | | 61 |

| 64 | 65 | 66 | 67 | |

| 86 | 87 | | 89 | 90 |

| 78 | 79 | | 81 | 82 |

| 59 | | 61 | 62 | 63 |

| 96 | 97 | 98 | 99 | |

❖ 거꾸로 세어 빈칸에 알맞은 수를 쓰세요.

| 61 | 60 | | 58 | 57 |

| 69 | 68 | 67 | 66 | |

| 73 | | 71 | 70 | 69 |

| 54 | 53 | 52 | | 50 |

| 85 | 84 | 83 | 82 | |

| 91 | 90 | | 88 | 87 |

관련 쪽수: 54~75쪽

❖ 큰 수에 ◯표 하세요.

35	54

68	63

49	38

55	57

99	100

82	74

❖ 작은 수에 △표 하세요.

31	37

43	37

58	60

84	92

54	51

100	89

❖ 2씩 뛰어 세어 빈칸에 알맞은 수를 쓰세요.

| 23 | 25 | 27 | |

| 30 | | 34 | 36 |

| 62 | 64 | | 68 |

| 77 | 79 | | 83 |

| 94 | 96 | 98 | |

| 49 | 51 | | 55 |

❖ 3씩 뛰어 세어 빈칸에 알맞은 수를 쓰세요.

| 30 | 33 | 36 | |

| 22 | 25 | | 31 |

| 53 | 56 | | 62 |

| 82 | | 88 | 91 |

| 65 | 68 | 71 | |

| 76 | | 82 | 85 |

수 배열표

❖ 수 배열표의 일부분이에요. 빈칸에 알맞은 수를 쓰세요.

21	22	23	24
31		33	

		57	58
66	67	68	69

32	33		35
42	43		

47	48	49	
	58		60

51	52		
61	62	63	

77		79	
87	88		90

26		28	29
	37	38	

	66	67	
75		77	78

	52	53	54
61		63	

72			75
	83	84	

연산력 수학 노크 정답

61 몇십

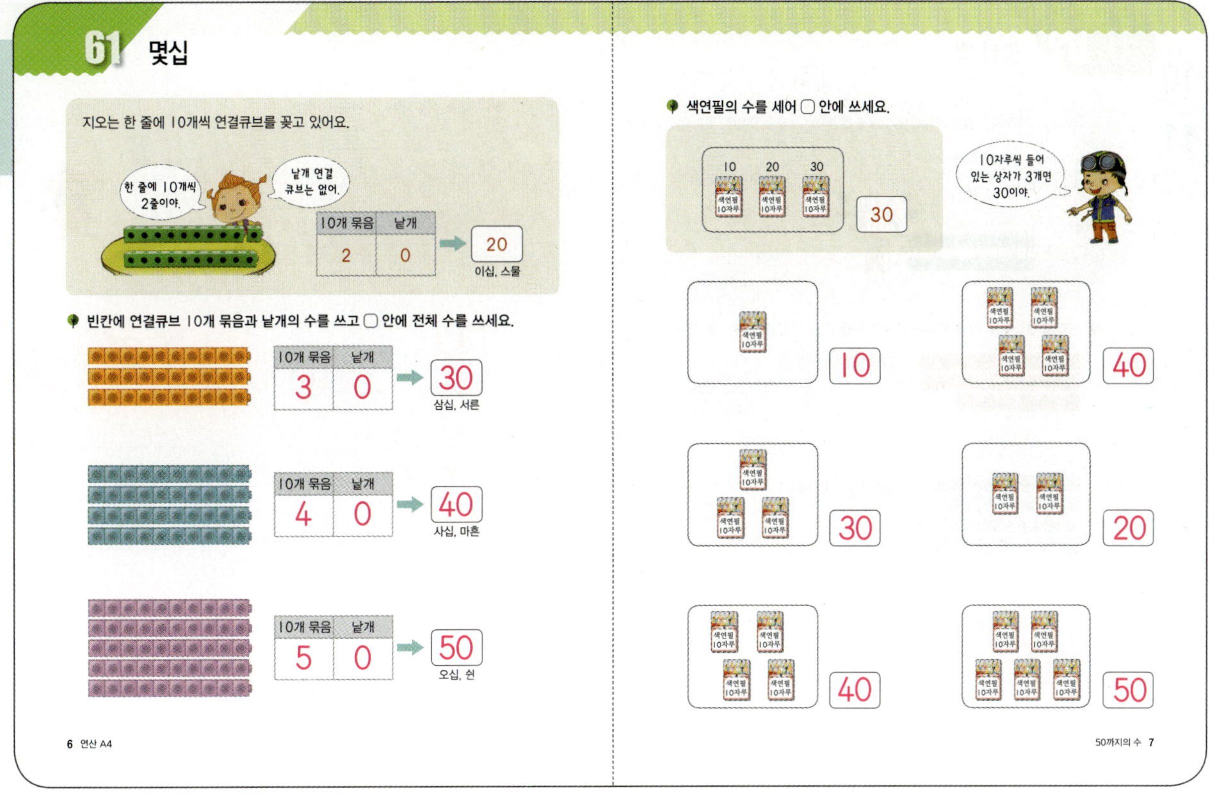

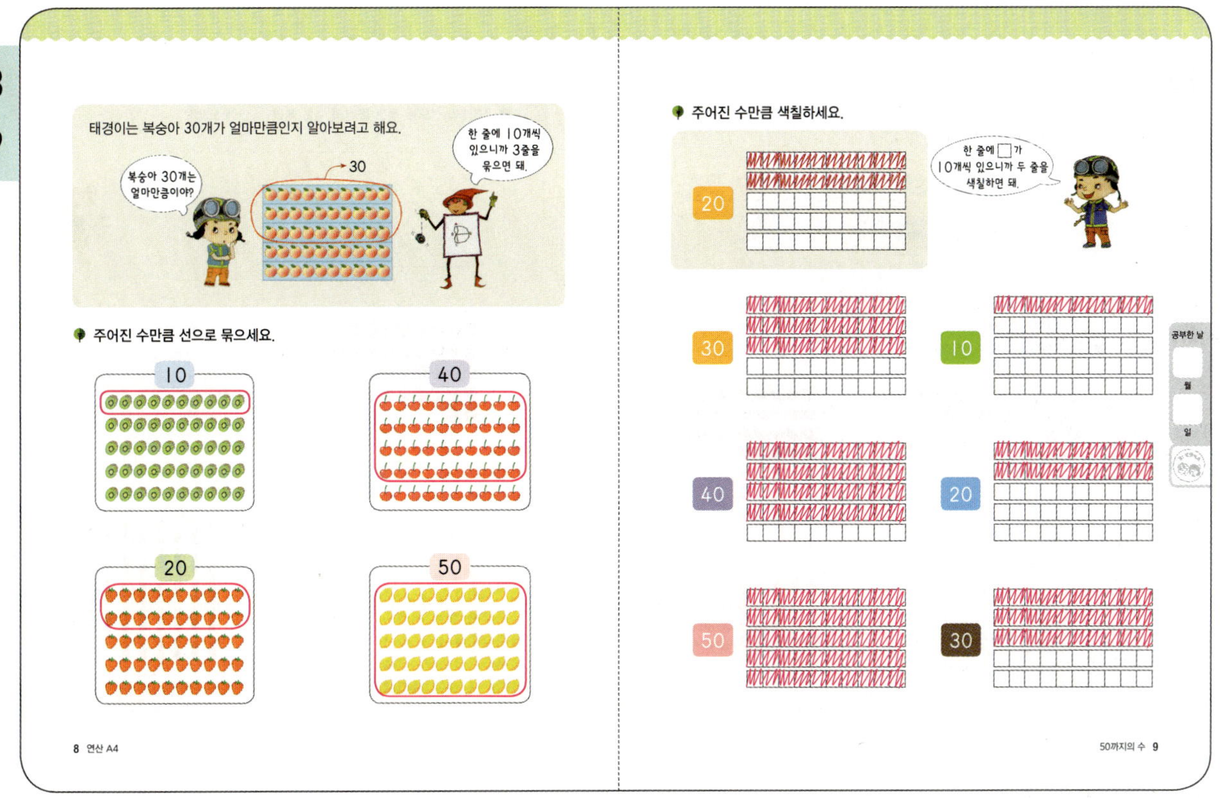

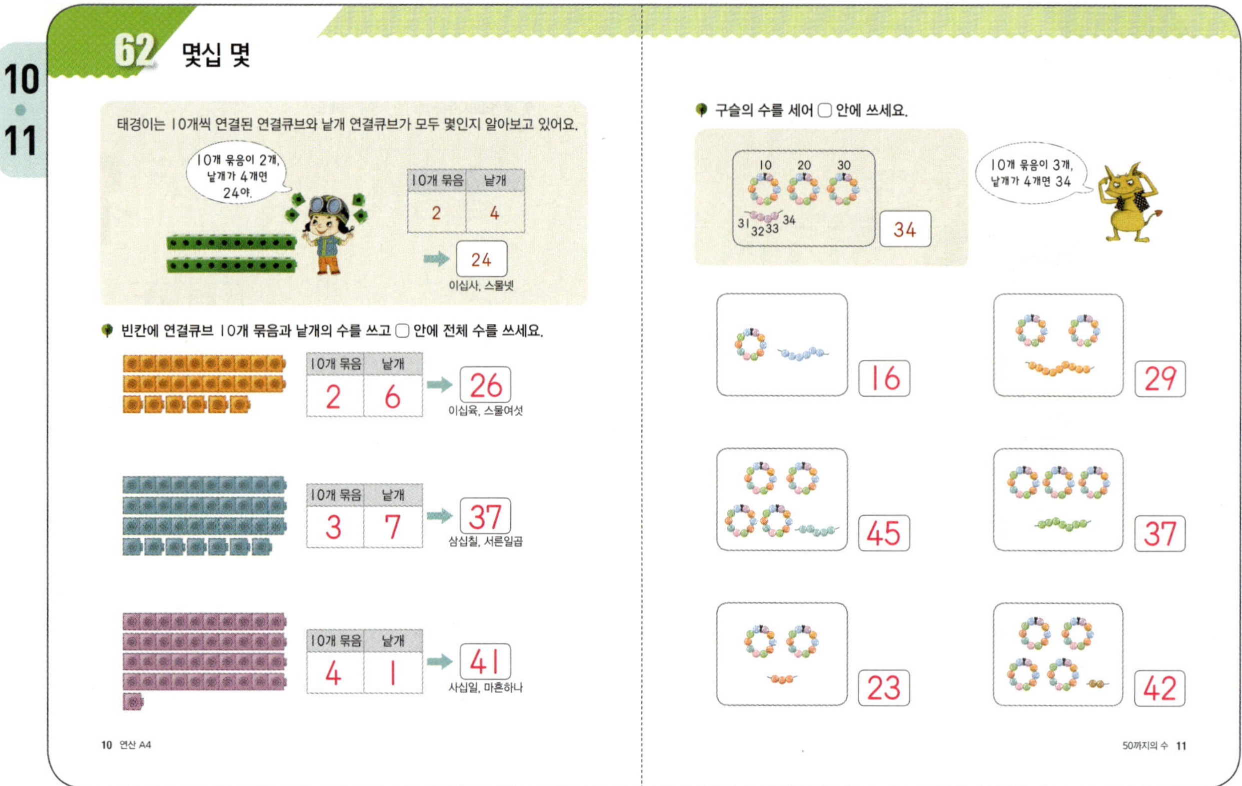
62 몇십 몇

10
11

태경이는 10개씩 연결된 연결큐브와 낱개 연결큐브가 모두 몇인지 알아보고 있어요.

10개 묶음이 2개,
낱개가 4개면
24야.

10개 묶음 | 낱개
2 | 4
24
이십사, 스물넷

빈칸에 연결큐브 10개 묶음과 낱개의 수를 쓰고 □ 안에 전체 수를 쓰세요.

10개 묶음 | 낱개
2 | 6
26
이십육, 스물여섯

10개 묶음 | 낱개
3 | 7
37
삼십칠, 서른일곱

10개 묶음 | 낱개
4 | 1
41
사십일, 마흔하나

10 연산 A4

구슬의 수를 세어 □ 안에 쓰세요.

10 20 30
31 32 33 34
34

10개 묶음이 3개,
낱개가 4개면 34

16

29

45

37

23

42

50까지의 수 11

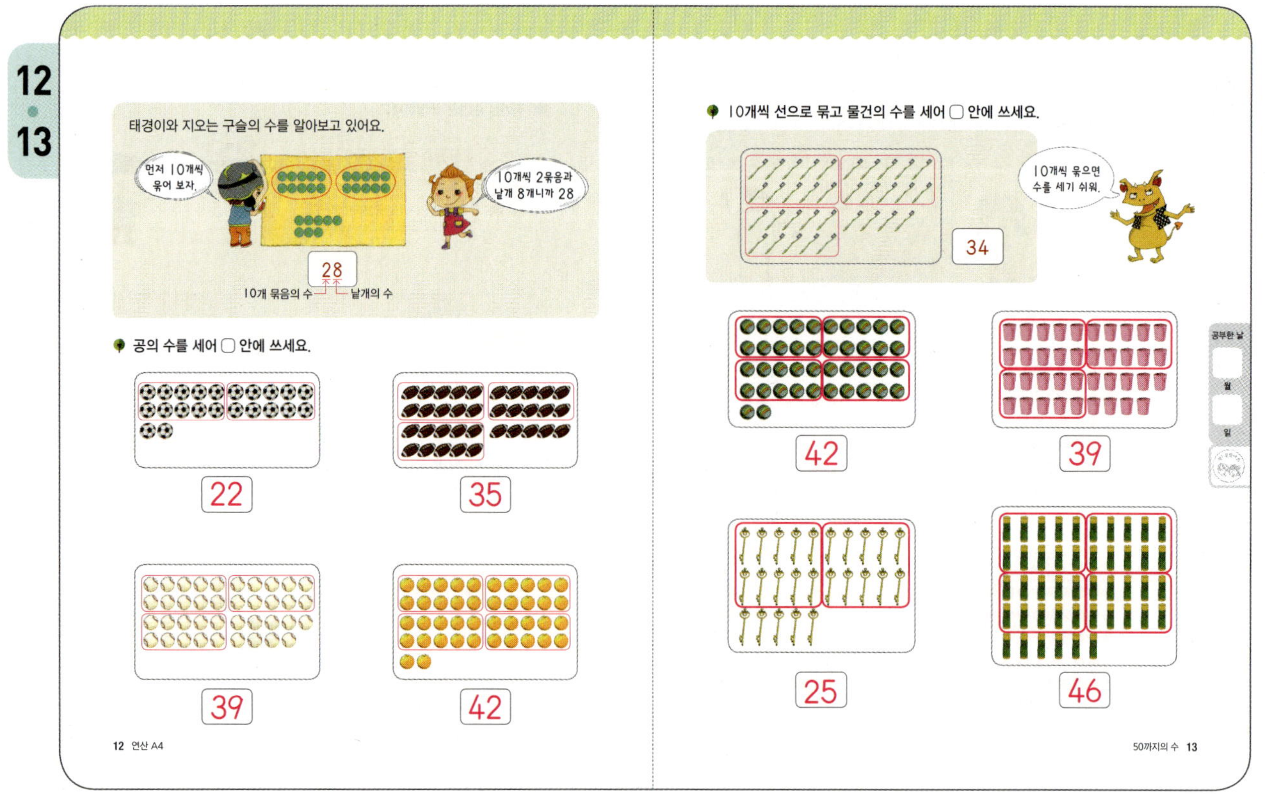
12
13

태경이와 지오는 구슬의 수를 알아보고 있어요.

먼저 10개씩
묶어 보자.

10개씩 2묶음과
낱개 8개니까 28

28
10개 묶음의 수 — 낱개의 수

공의 수를 세어 □ 안에 쓰세요.

22

35

39

42

12 연산 A4

10개씩 선으로 묶고 물건의 수를 세어 □ 안에 쓰세요.

34

10개씩 묶으면
수를 세기 쉬워.

42

39

25

46

공부한 날
월
일

50까지의 수 13

63 동전의 금액 세기

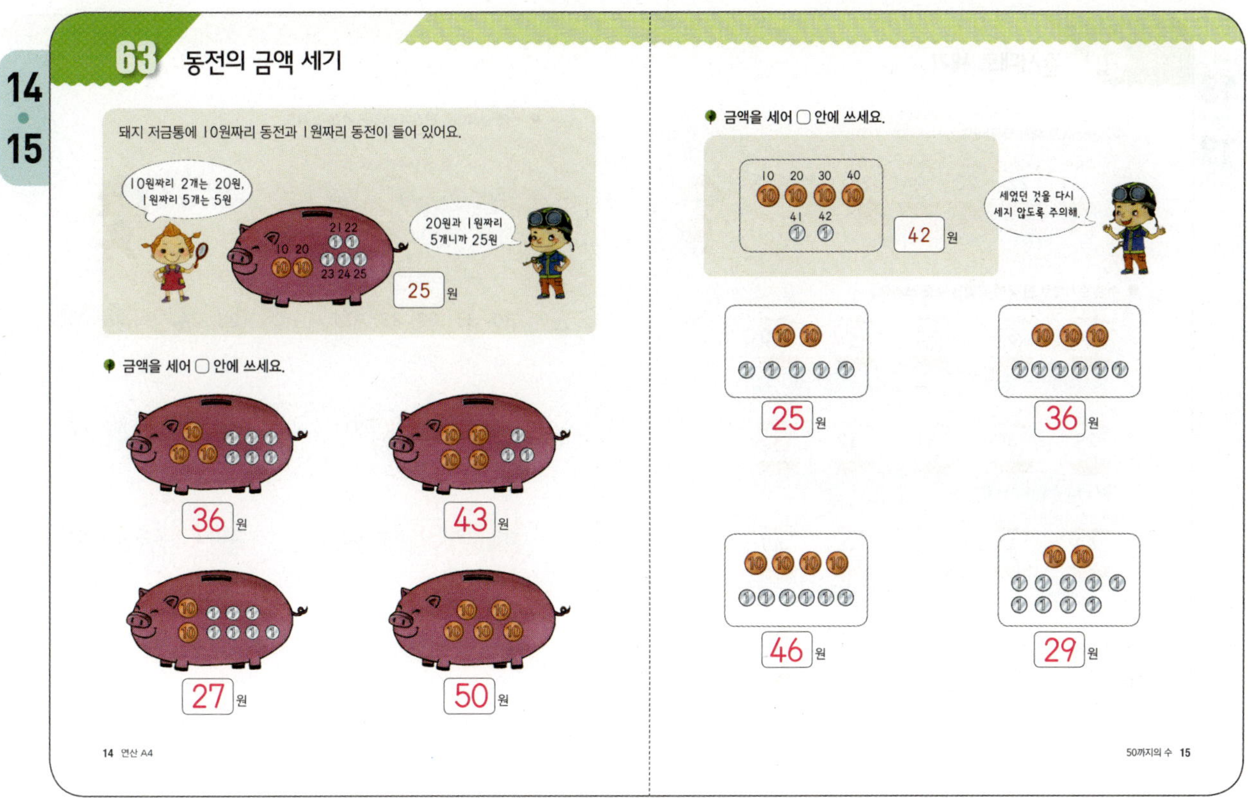

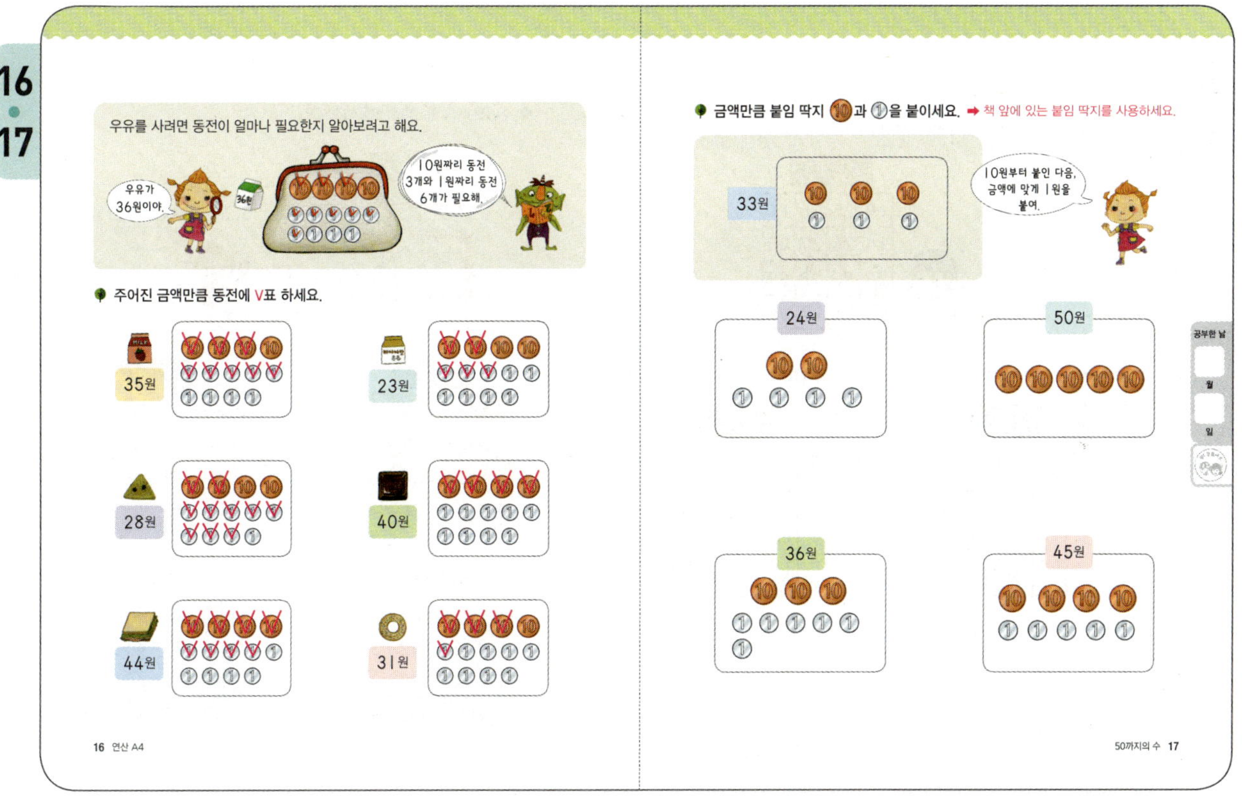

정답 **3**

18 · 19

64 순서대로 세기

20 · 21

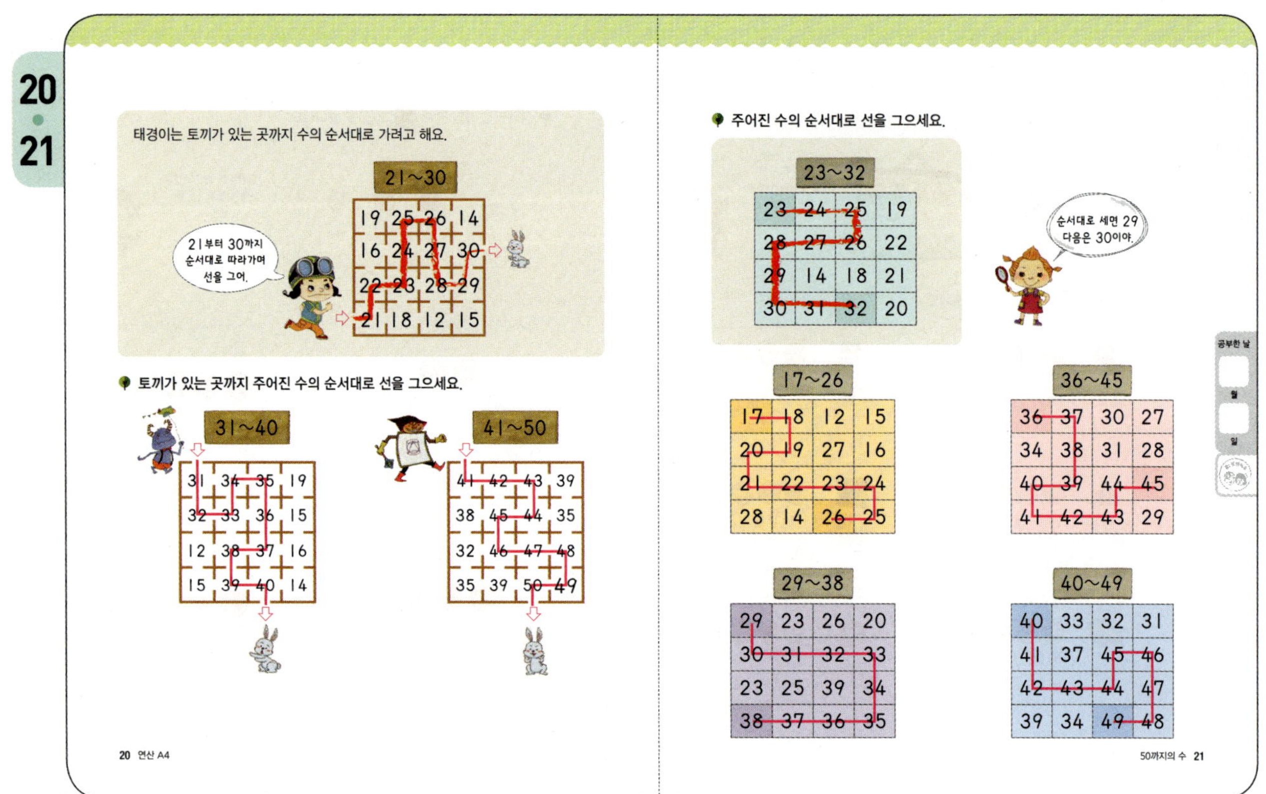

65 거꾸로 세기

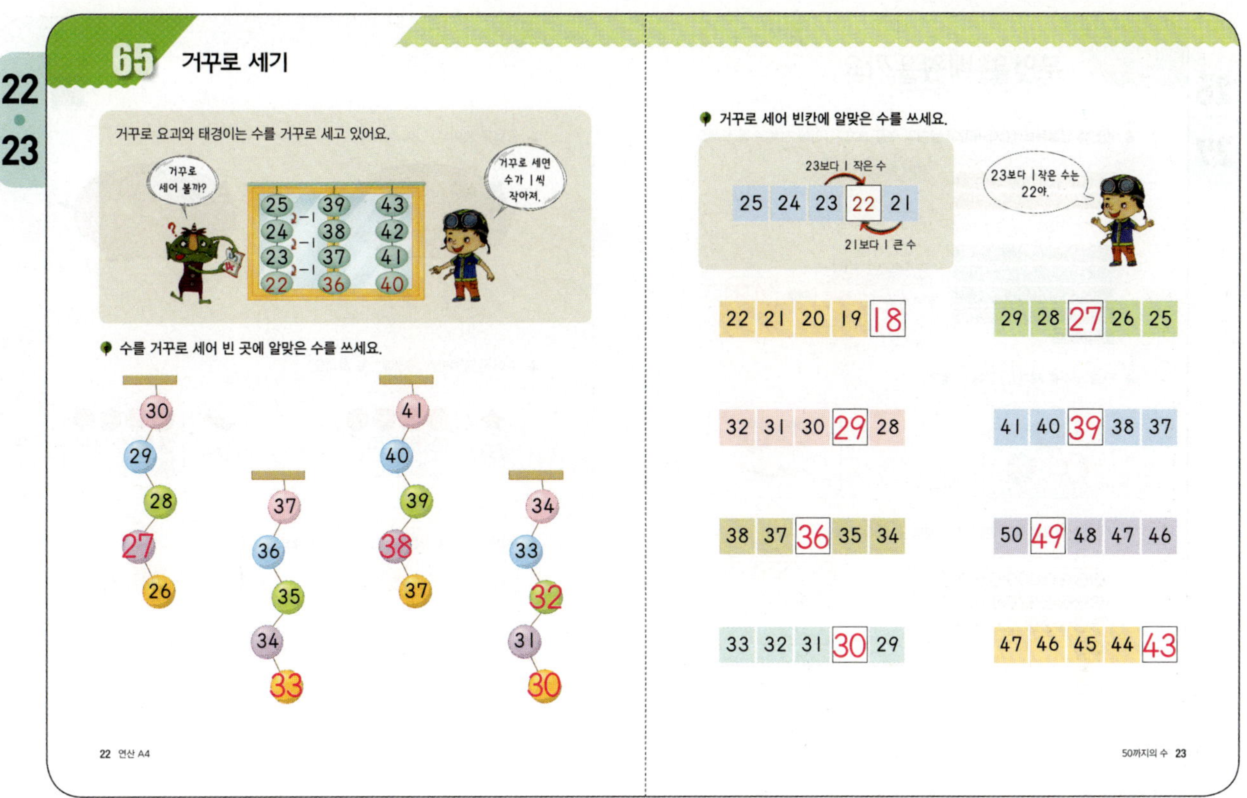
거꾸로 요괴와 태경이는 수를 거꾸로 세고 있어요.
거꾸로 세어 볼까?
거꾸로 세면 수가 1씩 작아져.
수를 거꾸로 세어 빈 곳에 알맞은 수를 쓰세요.

거꾸로 세어 빈칸에 알맞은 수를 쓰세요.
23보다 1 작은 수
25 24 23 22 21
21보다 1 큰 수
23보다 1 작은 수는 22야.

22 21 20 19 18
29 28 27 26 25

32 31 30 29 28
41 40 39 38 37

38 37 36 35 34
50 49 48 47 46

33 32 31 30 29
47 46 45 44 43

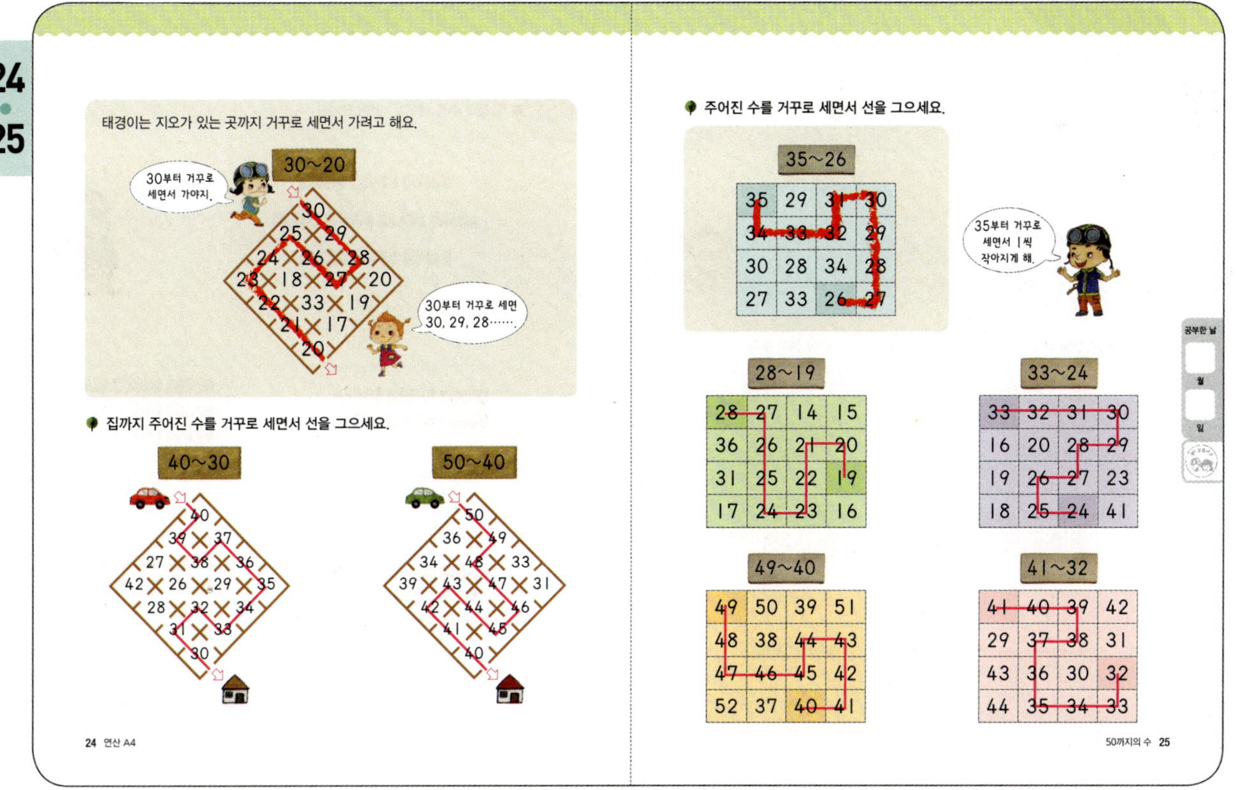
태경이는 지오가 있는 곳까지 거꾸로 세면서 가려고 해요.
30~20
30부터 거꾸로 세면서 가야지.
30부터 거꾸로 세면 30, 29, 28……

집까지 주어진 수를 거꾸로 세면서 선을 그으세요.
40~30
50~40

주어진 수를 거꾸로 세면서 선을 그으세요.
35~26
35부터 거꾸로 세면서 1씩 작아지게 해.

28~19
33~24
49~40
41~32

공부한 날
월
일

정답 5

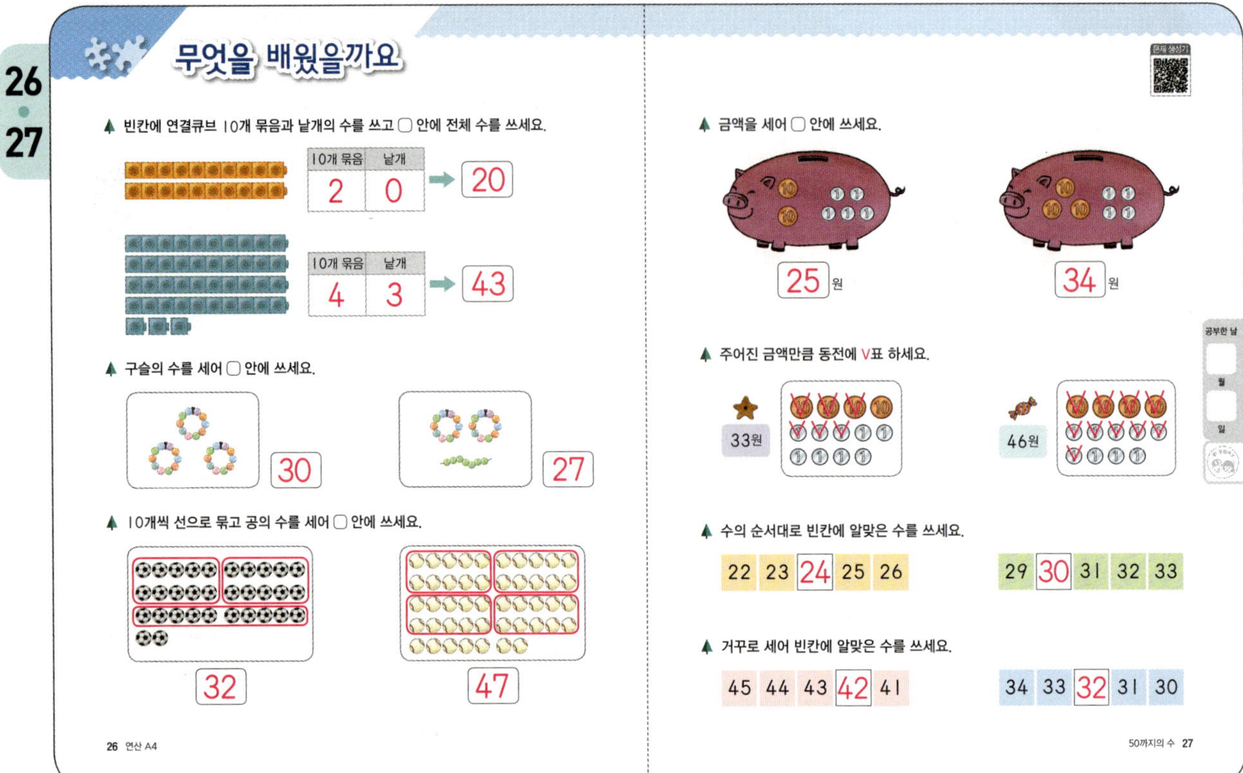
26
27
무엇을 배웠을까요
빈칸에 연결큐브 10개 묶음과 낱개의 수를 쓰고 ☐ 안에 전체 수를 쓰세요.
10개 묶음 낱개
2 0 → 20
10개 묶음 낱개
4 3 → 43
구슬의 수를 세어 ☐ 안에 쓰세요.
30
27
10개씩 선으로 묶고 공의 수를 세어 ☐ 안에 쓰세요.
32
47
금액을 세어 ☐ 안에 쓰세요.
25 원
34 원
주어진 금액만큼 동전에 V표 하세요.
33원
46원
수의 순서대로 빈칸에 알맞은 수를 쓰세요.
22 23 24 25 26
29 30 31 32 33
거꾸로 세어 빈칸에 알맞은 수를 쓰세요.
45 44 43 42 41
34 33 32 31 30
공부한 날
월
일
26 연산 A4
50까지의 수 27

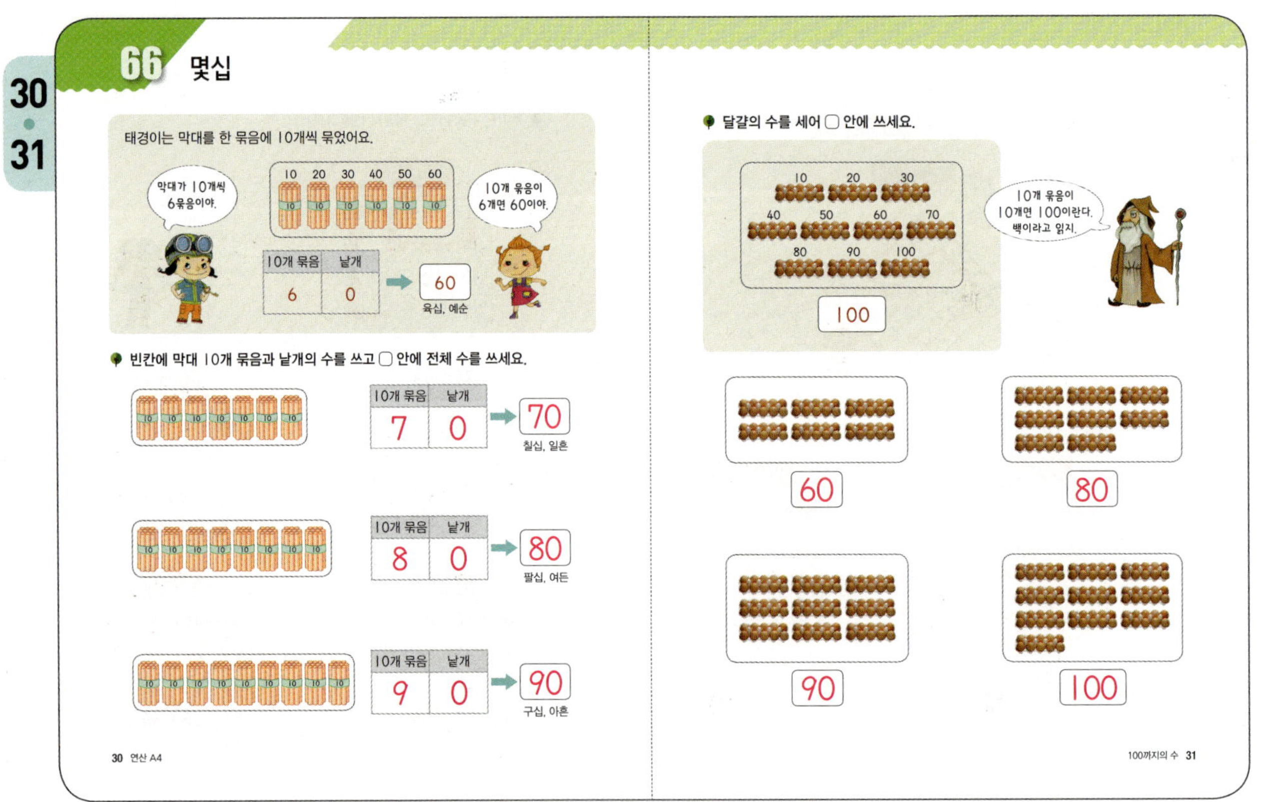
30
31
66 몇십
태경이는 막대를 한 묶음에 10개씩 묶었어요.
막대가 10개씩 6묶음이야.
10 20 30 40 50 60
10개 묶음이 6개면 60이야.
10개 묶음 낱개
6 0 → 60
육십, 예순
빈칸에 막대 10개 묶음과 낱개의 수를 쓰고 ☐ 안에 전체 수를 쓰세요.
10개 묶음 낱개
7 0 → 70
칠십, 일흔
10개 묶음 낱개
8 0 → 80
팔십, 여든
10개 묶음 낱개
9 0 → 90
구십, 아흔
달걀의 수를 세어 ☐ 안에 쓰세요.
10 20 30
40 50 60 70
80 90 100
10개 묶음이 10개면 100이란다. 백이라고 읽지.
100
60
80
90
100
30 연산 A4
100까지의 수 31

태경이는 사과를 한 바구니에 10개씩 담았어요.
사과를 한 바구니에 10개씩 담았어.
10개씩 6묶음이니까 사과는 모두 60개!
60
● 사과가 한 바구니에 10개씩 있어요. 사과의 개수를 세어 ☐ 안에 쓰세요.
70
80
100
90

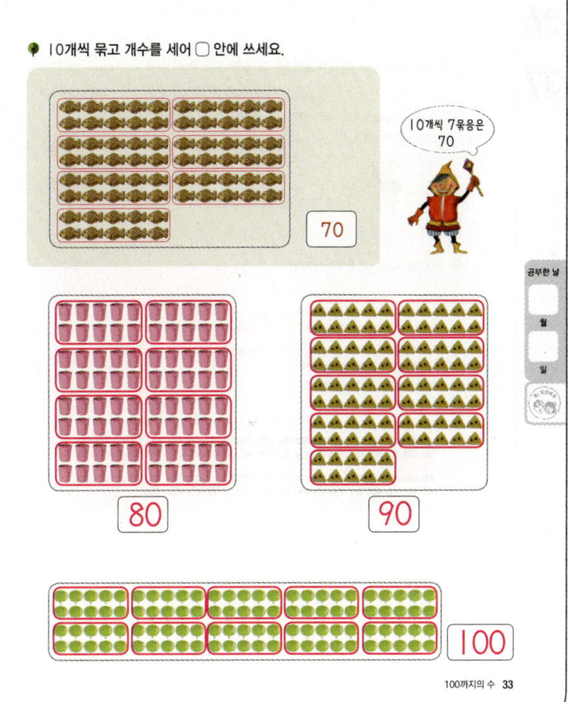
● 10개씩 묶고 개수를 세어 ☐ 안에 쓰세요.
10개씩 7묶음은 70
70
80
90
100

67 몇십 몇

지오와 태경이는 건전지의 수를 알아보고 있어요.
10 20 30 40 50
51 52
건전지가 10개씩 5묶음 있어.
낱개도 2개 있어.
10개 묶음 낱개
5 2
52
오십이, 쉰둘
● 빈칸에 건전지 10개 묶음과 낱개의 수를 쓰고 ☐ 안에 전체 수를 쓰세요.
10개 묶음 낱개
7 4
74
칠십사, 일흔넷
10개 묶음 낱개
8 1
81
팔십일, 여든하나

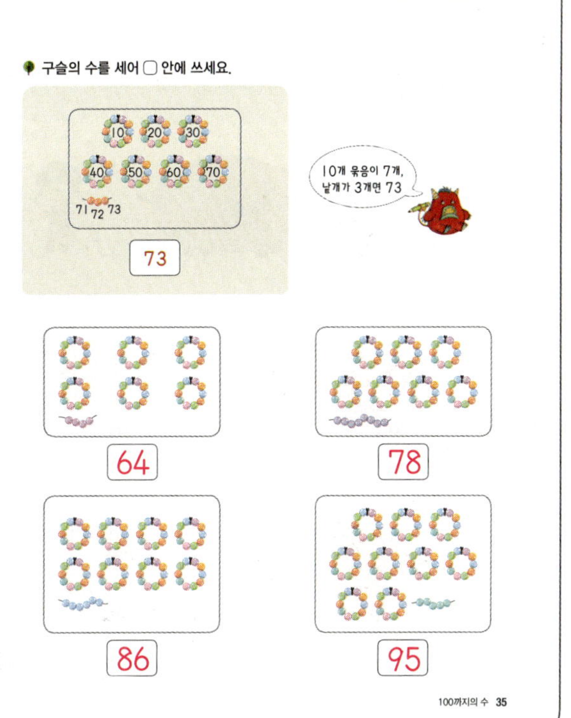
● 구슬의 수를 세어 ☐ 안에 쓰세요.
10 20 30
40 50 60 70
71 72 73
10개 묶음이 7개, 낱개가 3개면 73
73
64
78
86
95

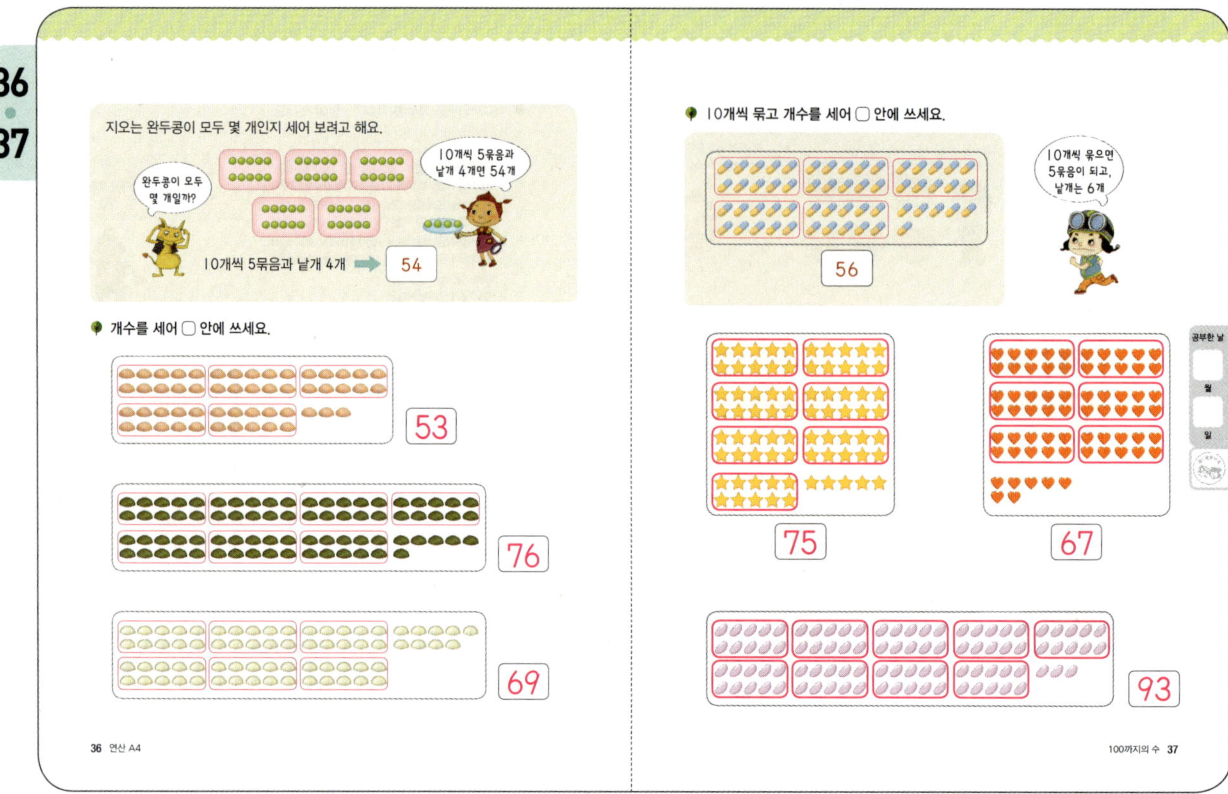
36
37
지오는 완두콩이 모두 몇 개인지 세어 보려고 해요.
완두콩이 모두 몇 개일까?
10개씩 5묶음과 낱개 4개면 54개
10개씩 5묶음과 낱개 4개 ➡ 54
개수를 세어 □ 안에 쓰세요.
53
76
69
10개씩 묶고 개수를 세어 □ 안에 쓰세요.
56
10개씩 묶으면 5묶음이 되고, 낱개는 6개
75
67
93
공부한 날
월
일
36 연산 A4
100까지의 수 37

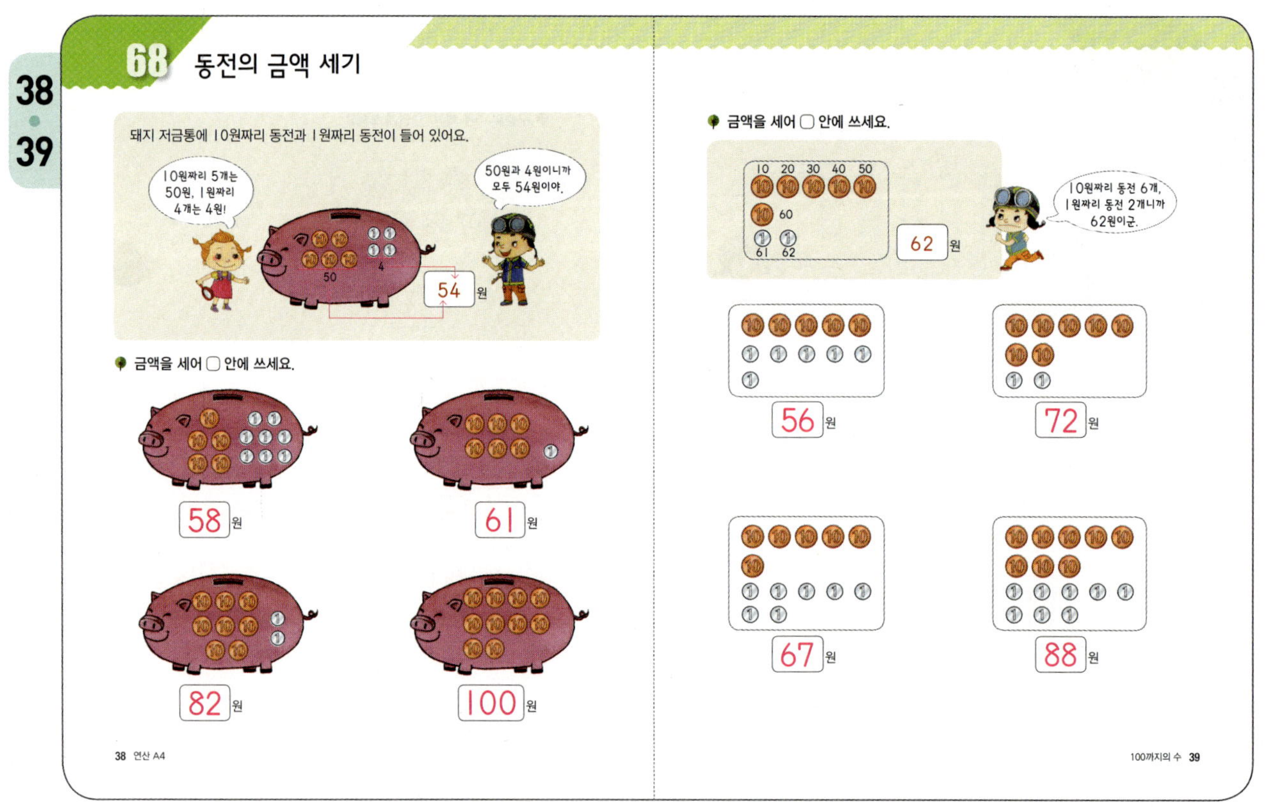
38
39
68 동전의 금액 세기
돼지 저금통에 10원짜리 동전과 1원짜리 동전이 들어 있어요.
10원짜리 5개는 50원, 1원짜리 4개는 4원!
50원과 4원이니까 모두 54원이야.
50
4
54 원
금액을 세어 □ 안에 쓰세요.
58 원
61 원
82 원
100 원
금액을 세어 □ 안에 쓰세요.
10 20 30 40 50
10 10 10 10 10
10 60
1 1
61 62
62 원
10원짜리 동전 6개, 1원짜리 동전 2개니까 62원이군.
56 원
72 원
67 원
88 원
38 연산 A4
100까지의 수 39

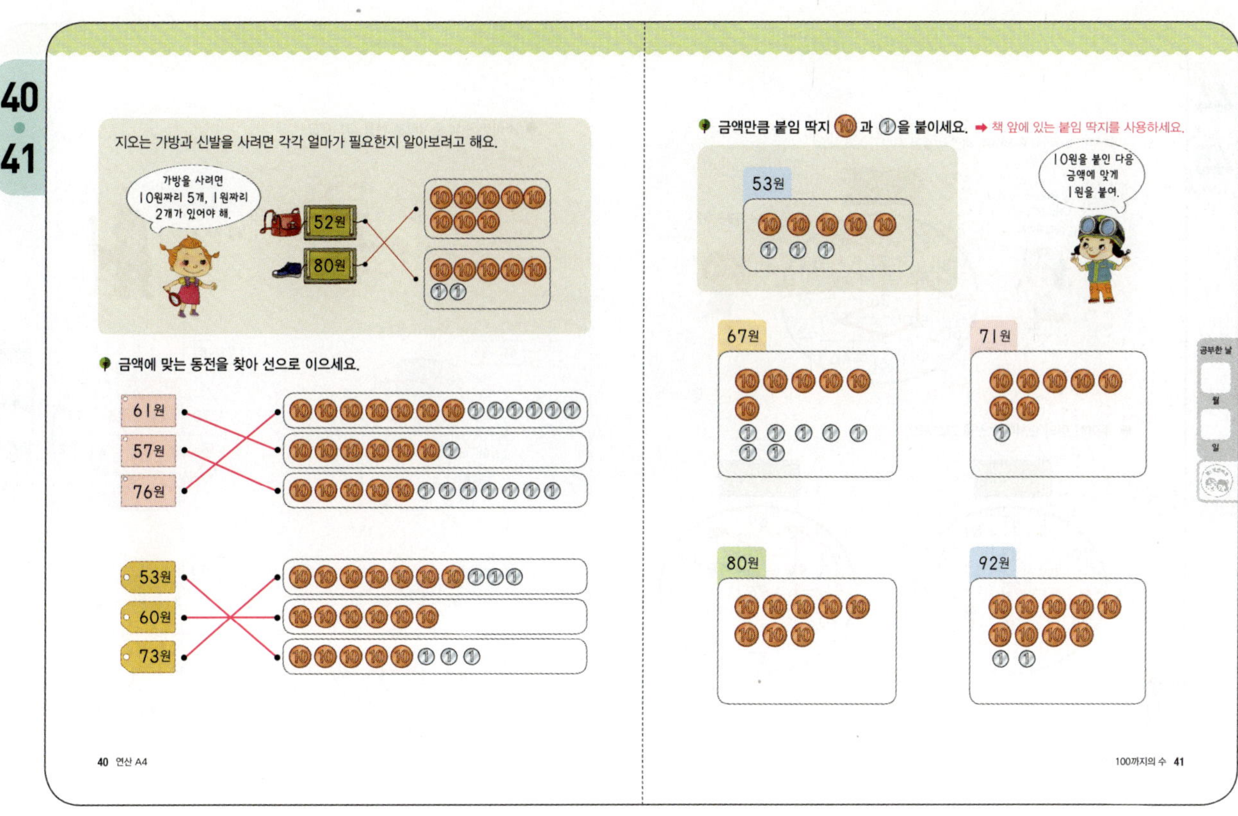

지오는 가방과 신발을 사려면 각각 얼마가 필요한지 알아보려고 해요.
가방을 사려면 10원짜리 5개, 1원짜리 2개가 있어야 해.
52원
80원
금액에 맞는 동전을 찾아 선으로 이으세요.
61원
57원
76원
53원
60원
73원
금액만큼 붙임 딱지 10과 1을 붙이세요. ➡ 책 앞에 있는 붙임 딱지를 사용하세요.
10원을 붙인 다음 금액에 맞게 1원을 붙여.
53원
67원
71원
80원
92원
40 연산 A4
100까지의 수 41
공부한 날
월
일

69 순서대로 세기
펭귄들이 순서대로 바닷속으로 들어가고 있어요.
51 52 53 54 55
54 다음 펭귄은 55야.
수의 순서대로 빈 곳에 알맞은 수를 쓰세요.
59 60 61 62 63
76 77 78 79 80
88 89 90 91 92
수의 순서대로 빈칸에 알맞은 수를 쓰세요.
58 바로 다음 수
56 57 58 59 60
60 바로 앞의 수
56부터 순서대로 세면 56, 57, 58, 59, 60……
63 64 65 66 67
48 49 50 51 52
70 71 72 73 74
59 60 61 62 63
96 97 98 99 100
77 78 79 80 81
85 86 87 88 89
96 97 98 99 100
42 연산 A4
100까지의 수 43

44·45

51부터 60까지 순서대로 세면서 길을 지나가려고 해요.

주어진 수의 순서대로 선을 그으세요.

주어진 수의 순서대로 선을 그으세요.

46·47

70 거꾸로 세기

토끼가 당근이 있는 곳까지 거꾸로 세면서 가려고 해요.

주어진 수를 거꾸로 세면서 선을 그으세요.

무엇을 배웠을까요

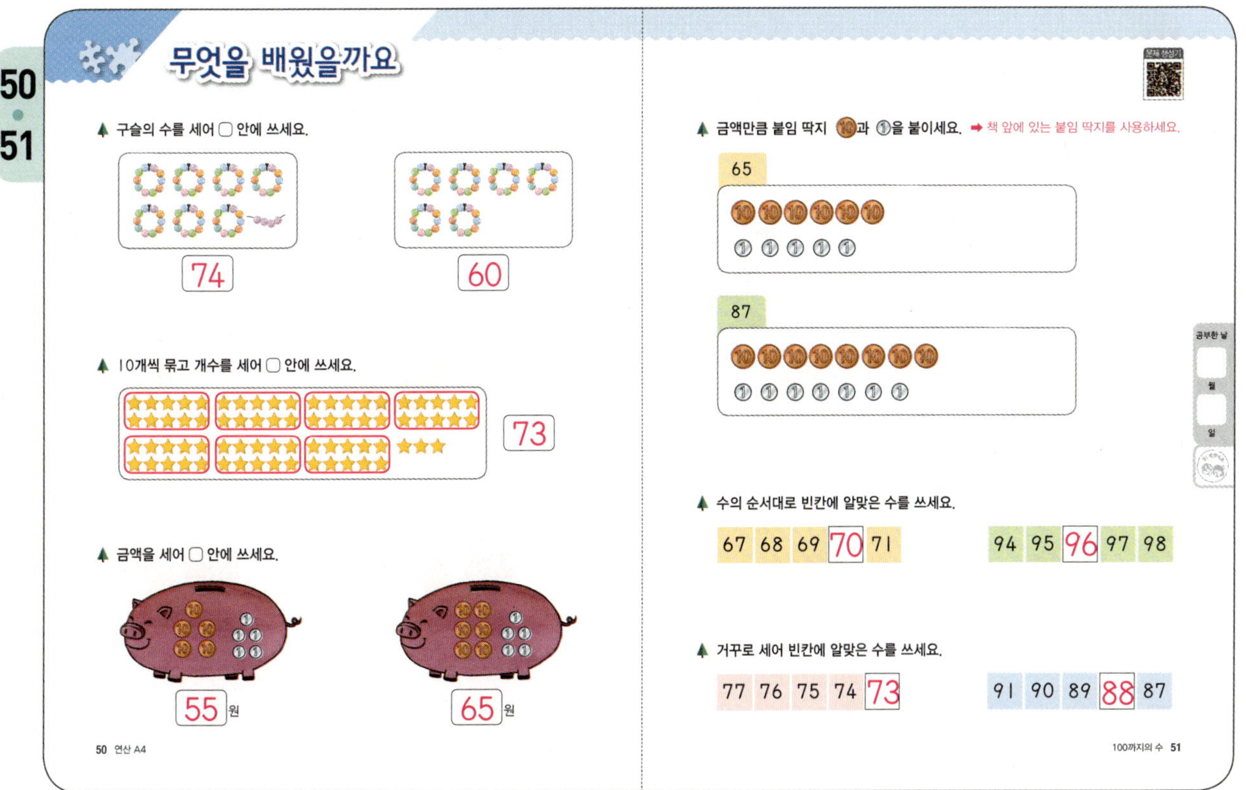

정답 **11**

71 10묶음과 1

54
55

56
57

공부한 날
월
일

72 수의 순서

자동차가 수의 순서대로 지나가고 있어요.
한 칸씩 앞으로 갈 때마다 수가 1씩 커졌어.
25 26 27 28 29 30 31 32 33 34 35
수의 순서대로 빈 곳에 알맞은 수를 쓰세요.
44 45 46 47 48 49 50 51 52 53 54 55 56 57 58 59 60
83 84 85 86 87 88 89 90 91 92 93 94 95 96 97 98 99
수의 순서대로 빈칸에 알맞은 수를 쓰세요.
19 다음은 20, 23 다음은 24, 26 다음은 27
18 19 20 21 22 23 24 25 26 27 28
35 36 37 38 39 40 41 42 43 44 45
50 51 52 53 54 55 56 57 58 59 60
63 64 65 66 67 68 69 70 71 72 73
90 91 92 93 94 95 96 97 98 99 100

태경이와 지오는 수가 적힌 판을 순서대로 놓았어요.
순서대로 놓았어.
이건 순서에 맞지 않아.
46 47 48 5 49
수가 적힌 판을 순서대로 놓았어요. 잘못 놓인 곳에 ×표 하세요.
32 33 3 34 35
50 51 52 55 53
68 69 70 71 73
97 94 98 99 100
42 43 44 45
79 80 84 81 82
수 카드를 순서대로 놓았어요. 잘못 놓인 카드에 ×표 하세요.
33 다음 수
32 33 37 34 35
32부터 순서대로 세면 32, 33, 34, 35야.
55 56 57 60 58
81 82 83 84 86
29 30 28 31 32
68 67 69 70 71
93 94 95 98 96
47 48 45 49 50
39 50 51 52 53
76 77 78 97 79
공부한 날
월
일

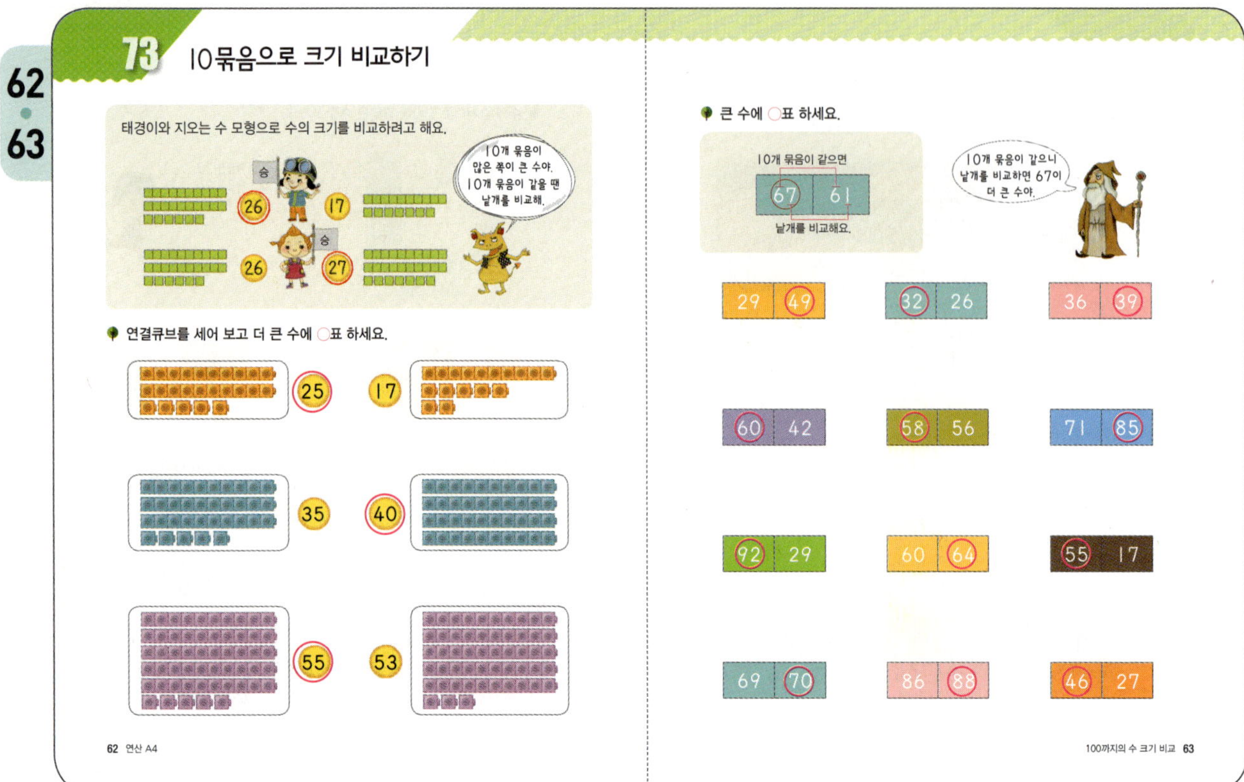
62
63
73 10묶음으로 크기 비교하기
태경이와 지오는 수 모형으로 수의 크기를 비교하려고 해요.
승
26 17
26 27
승
10개 묶음이 많은 쪽이 큰 수야. 10개 묶음이 같을 땐 낱개를 비교해.
연결큐브를 세어 보고 더 큰 수에 ◯표 하세요.
25 17
35 40
55 53
큰 수에 ◯표 하세요.
10개 묶음이 같으면
67 61
낱개를 비교해요.
10개 묶음이 같으니 낱개를 비교하면 67이 더 큰 수야.
29 49   32 26   36 39
60 42   58 56   71 85
92 29   60 64   55 17
69 70   86 88   46 27
62 연산 A4
100까지의 수 크기 비교 63

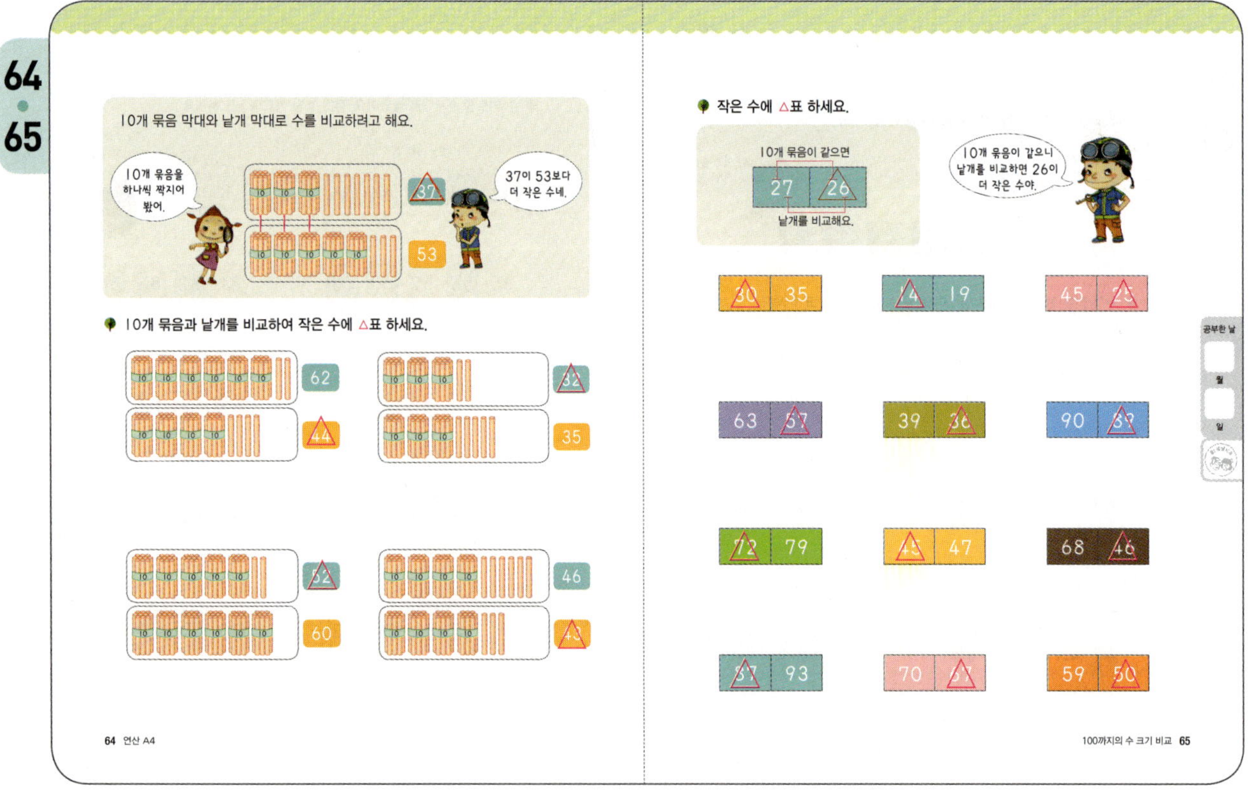
64
65
10개 묶음 막대와 낱개 막대로 수를 비교하려고 해요.
10개 묶음을 하나씩 짝지어 봤어.
37
53
37이 53보다 더 작은 수네.
10개 묶음과 낱개를 비교하여 작은 수에 △표 하세요.
62   32
44   35
32   46
60   43
작은 수에 △표 하세요.
10개 묶음이 같으면
27 26
낱개를 비교해요.
10개 묶음이 같으니 낱개를 비교하면 26이 더 작은 수야.
30 35   4 19   45
63 57   39 36   90 37
72 79   47   68 46
93   70   59 50
64 연산 A4
100까지의 수 크기 비교 65
공부한 날
월
일

74 순서로 크기 비교하기

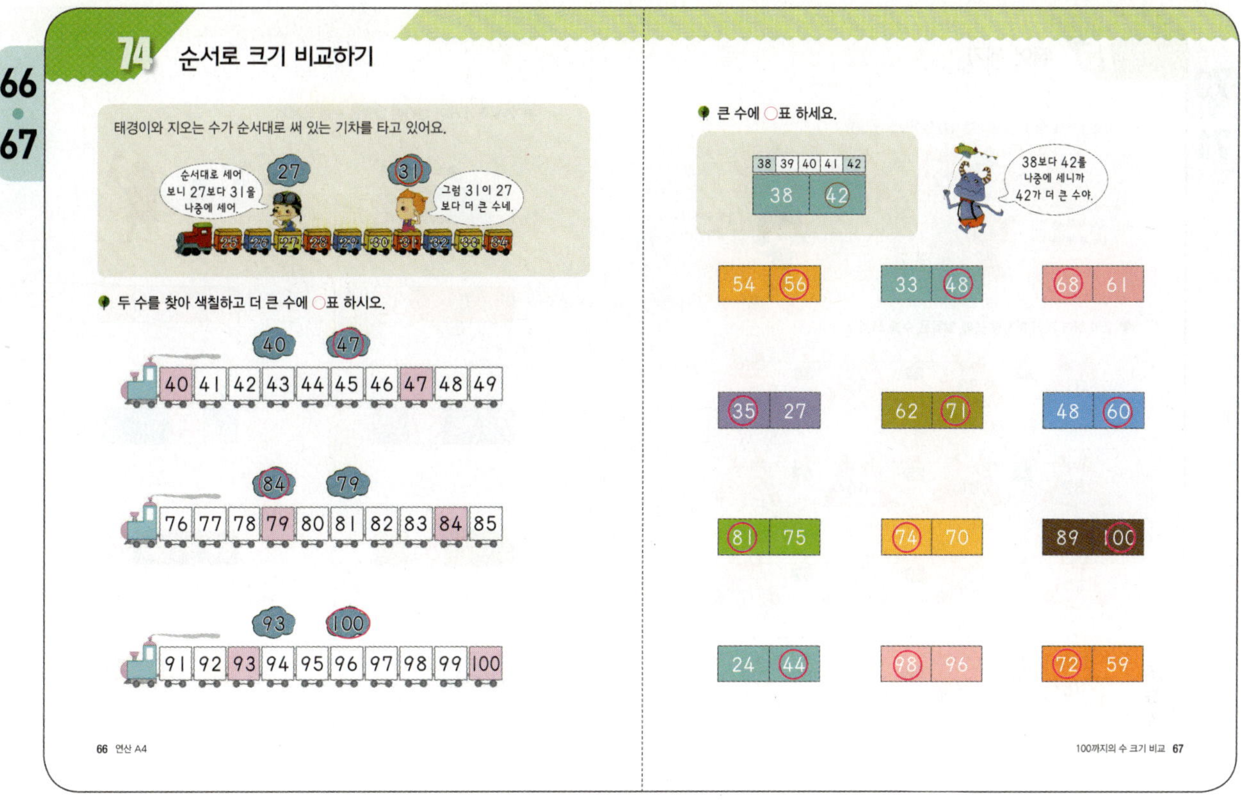

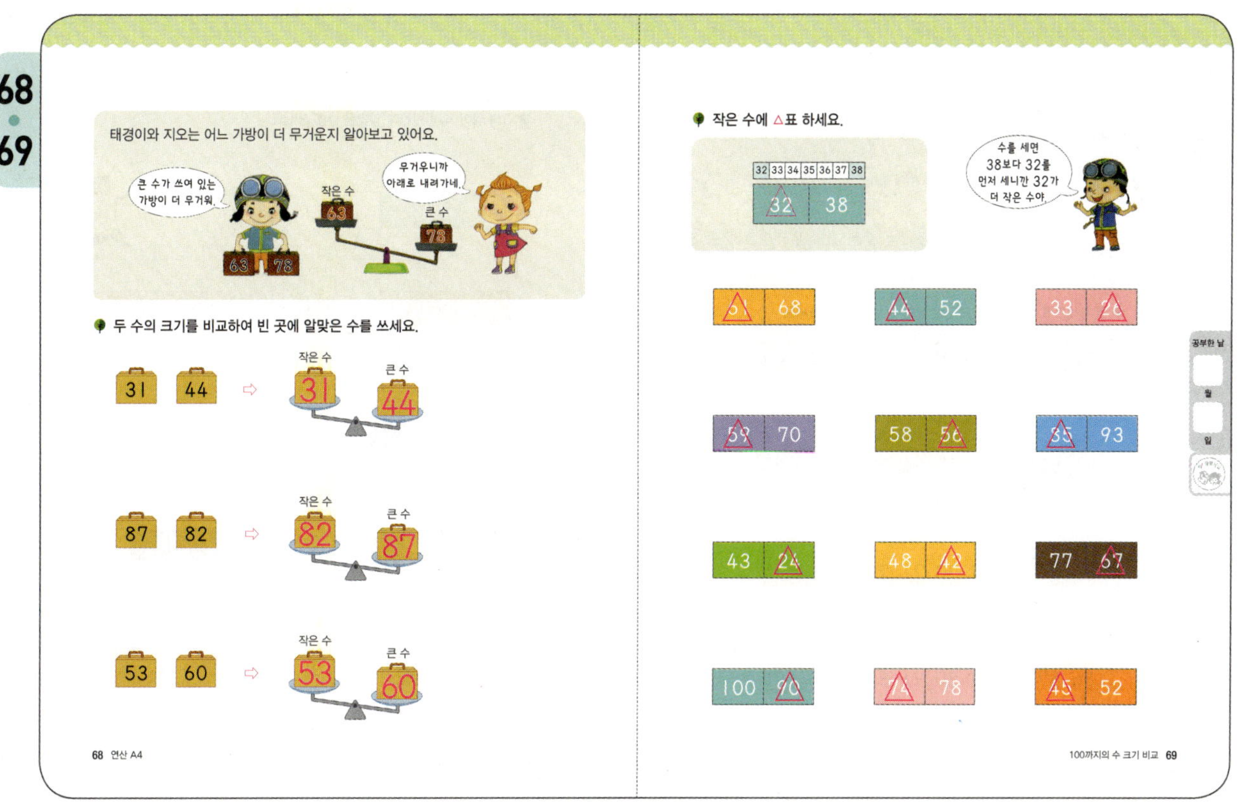

정답 **15**

70 · 71

75 뛰어 세기

72 · 73

16 연산 A4

무엇을 배웠을까요

♠ 긴 초는 10살, 짧은 초는 1살을 나타내요. 몇 살인지 ⬚ 안에 쓰세요.

44 살

52 살

♠ 과녁판의 분홍색을 맞히면 10점, 주황색을 맞히면 1점을 얻어요. ⬚ 안에 점수를 쓰세요.

26 점

34 점

♠ 수의 순서대로 빈칸에 알맞은 수를 쓰세요.

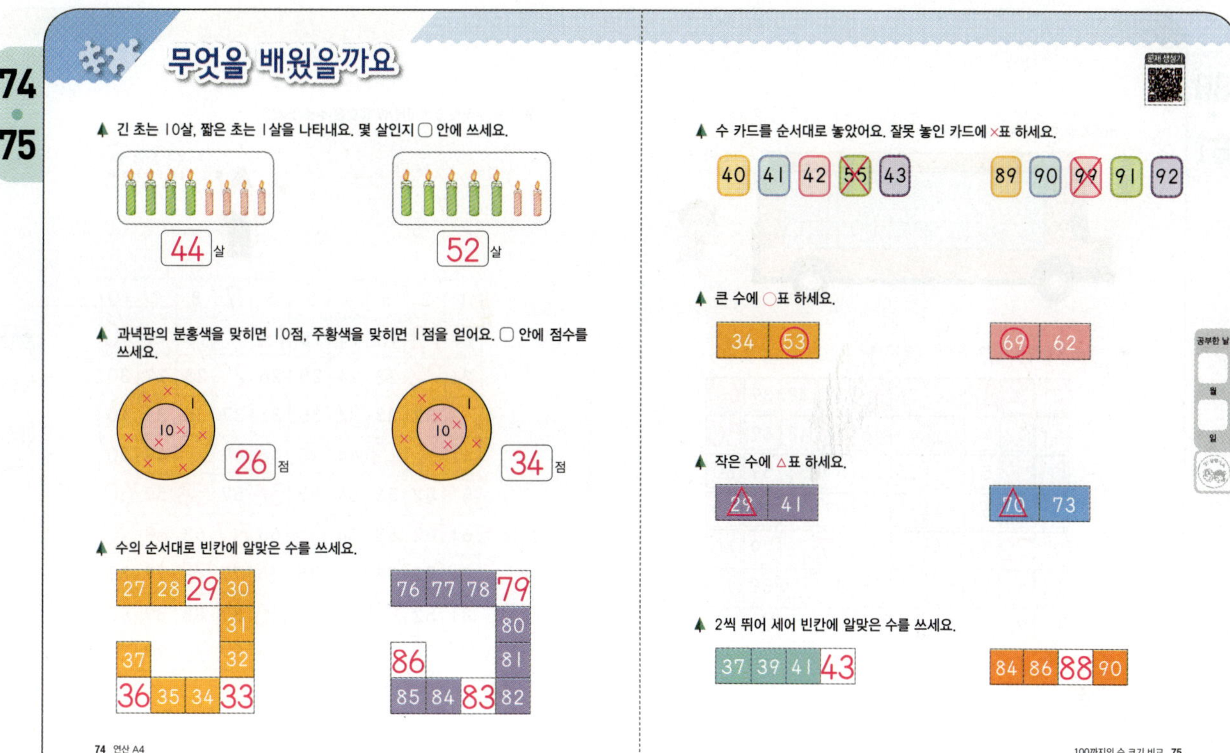

♠ 수 카드를 순서대로 놓았어요. 잘못 놓인 카드에 ×표 하세요.

40 41 42 ⊗ 43   89 90 ⊗ 91 92

♠ 큰 수에 ◯표 하세요.

34 ⬤53   ⬤69 62

♠ 작은 수에 △표 하세요.

△23 41   △ 73

♠ 2씩 뛰어 세어 빈칸에 알맞은 수를 쓰세요.

37 39 41 43   84 86 88 90

76 100 까지의 수 배열표

사물함의 각 자리에는 번호가 순서대로 쓰여 있어요.

♣ 수의 순서에 맞게 빈칸에 알맞은 수를 쓰세요.

♣ 수의 순서에 맞게 빈칸에 알맞은 수를 쓰세요.

21 22 23 24 25 26 27 28 29 30
31 32 33 34 35 36 37 38 39 40

51 52 53 54 55 56 57 58 59 60
61 62 63 64 65 66 67 68 69 70

81 82 83 84 85 86 87 88 89 90
91 92 93 94 95 96 97 98 99 100

31 32 33 34 35   36 37 38 39 40

41 42 43 44 45   46 47 48 49 50

71 72 73 74 75   75 76 77 78 79

91 92 93 94 95   96 97 98 99 100

연산력 수학 노크 정답

80 · 81

버스에 수가 순서대로 쓰여 있어요.

🌳 수의 순서에 맞게 빈칸에 알맞은 수를 쓰세요.

31	32	33	34	35	36	37	38	39	40
41	42	43	44	45	46	47	48	49	50
51	52	53	54	55	56	57	58	59	60
61	62	63	64	65	66	67	68	69	70
71	72	73	74	75	76	77	78	79	80
81	82	83	84	85	86	87	88	89	90
91	92	93	94	95	96	97	98	99	100

🌳 수의 순서에 맞게 빈칸에 알맞은 수를 쓰세요.

1	2	3	4	5	6	7	8	9	10
11	12	13	14	15	16	17	18	19	20
21	22	23	24	25	26	27	28	29	30
31	32	33	34	35	36	37	38	39	40
41	42	43	44	45	46	47	48	49	50
51	52	53	54	55	56	57	58	59	60
61	62	63	64	65	66	67	68	69	70
71	72	73	74	75	76	77	78	79	80
81	82	83	84	85	86	87	88	89	90
91	92	93	94	95	96	97	98	99	100

공부한 날
월
일

82 · 83

77 다음 수와 이전 수

태경이는 어떤 수에서 한 칸 더 간 수를 알아보고 있어요.

🌳 수 배열표에서 한 칸 더 가면 다음 수예요. 빈칸에 알맞은 수를 쓰세요.

11	12	13	14	15	16	17	18	19	20

41	42	43	44	45	46	47	48	49	50

71	72	73	74	75	76	77	78	79	80

91	92	93	94	95	96	97	98	99	100

🌳 수 배열표의 일부분이에요. 빈칸에 알맞은 수를 쓰세요.

5	6	7	8
15	16	17	18

17	18	19	20
27	28	29	30

33	34	35	36
43	44	45	46

66	67	68	69
76	77	78	79

51	52	53	54
61	62	63	64

87	88	89	90
97	98	99	100

지오는 어떤 수에서 한 칸 거꾸로 간 수를 알아보고 있어요.

수 배열표에서 한 칸 거꾸로 가면 이전 수예요. 빈칸에 알맞은 수를 쓰세요.

11 12 **13** 14 15 16 17 18 19 20

31 32 33 34 35 **36** 37 38 **39** 40

61 62 63 **64** 65 66 **67** 68 69 70

91 92 93 94 **95** 96 97 98 99 100

수 배열표의 일부분이에요. 빈칸에 알맞은 수를 쓰세요.

| 13 | **14** | 15 | 16 |
| 23 | **24** | 25 | 26 |

| 26 | **27** | 28 | 29 |
| **36** | 37 | 38 | 39 |

| **65** | 66 | 67 | 68 |
| 75 | **76** | 77 | 78 |

| **51** | 52 | 53 | 54 |
| 61 | **62** | 63 | 64 |

| 87 | 88 | **89** | 90 |
| 97 | 98 | **99** | 100 |

| 71 | 72 | **73** | 74 |
| 81 | **82** | 83 | 84 |

공부한 날
월
일

---

78 10 큰 수와 10 작은 수

지오와 태경이는 수 배열표에서 10 큰 수를 알아보고 있어요.

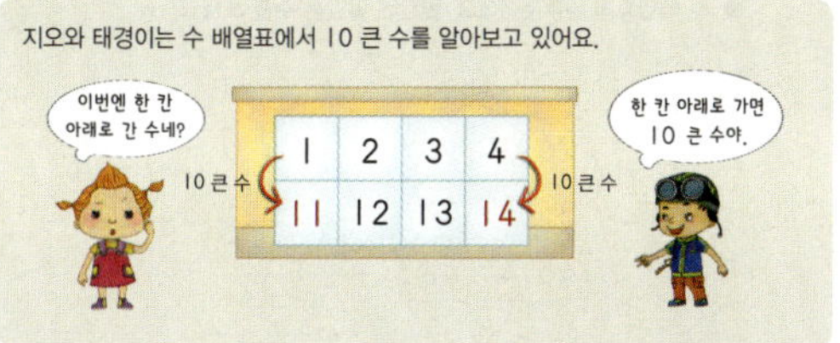

수 배열표에서 한 칸 아래로 가면 10 큰 수예요. 빈칸에 알맞은 수를 쓰세요.

| 5 | 6 | 7 | 8 |
| 15 | **16** | 17 | **18** |

| 22 | 23 | 24 | 25 |
| **32** | 33 | 34 | **35** |

| 57 | 58 | 59 | 60 |
| 67 | **68** | 69 | **70** |

| 81 | 82 | 83 | 84 |
| 91 | **92** | **93** | 94 |

수 배열표의 일부분이에요. 빈칸에 알맞은 수를 쓰세요.

| 5 | 6 | 7 | 8 |
| 15 | **16** | 17 | **18** |

| 17 | 18 | 19 | 20 |
| 27 | 28 | **29** | **30** |

| 33 | 34 | 35 | 36 |
| 43 | **44** | **45** | 46 |

| 66 | 67 | 68 | 69 |
| **76** | 77 | **78** | 79 |

| 51 | 52 | 53 | 54 |
| 61 | **62** | 63 | **64** |

| 87 | 88 | 89 | 90 |
| **97** | 98 | 99 | **100** |

88 · 89

태경이와 지오는 수 배열표에서 10 작은 수를 알아보고 있어요.

🌳 수 배열표에서 한 칸 위로 가면 10 작은 수예요. 빈칸에 알맞은 수를 쓰세요.

17	18	19	20
27	28	29	30

31	32	33	34
41	42	43	44

63	64	65	66
73	74	75	76

87	88	89	90
97	98	99	100

🌳 수 배열표의 일부분이에요. 빈칸에 알맞은 수를 쓰세요.

7	8	9	10
17	18	19	20

25	26	27	28
35	36	37	38

51	52	53	54
61	62	63	64

47	48	49	50
57	58	59	60

87	88	89	90
97	98	99	100

63	64	65	66
73	74	75	76

공부한 날 월 일

---

90 · 91

79 수 배열표 완성하기

거북 등에 있는 수를 보고 규칙을 찾아내려고 해요.

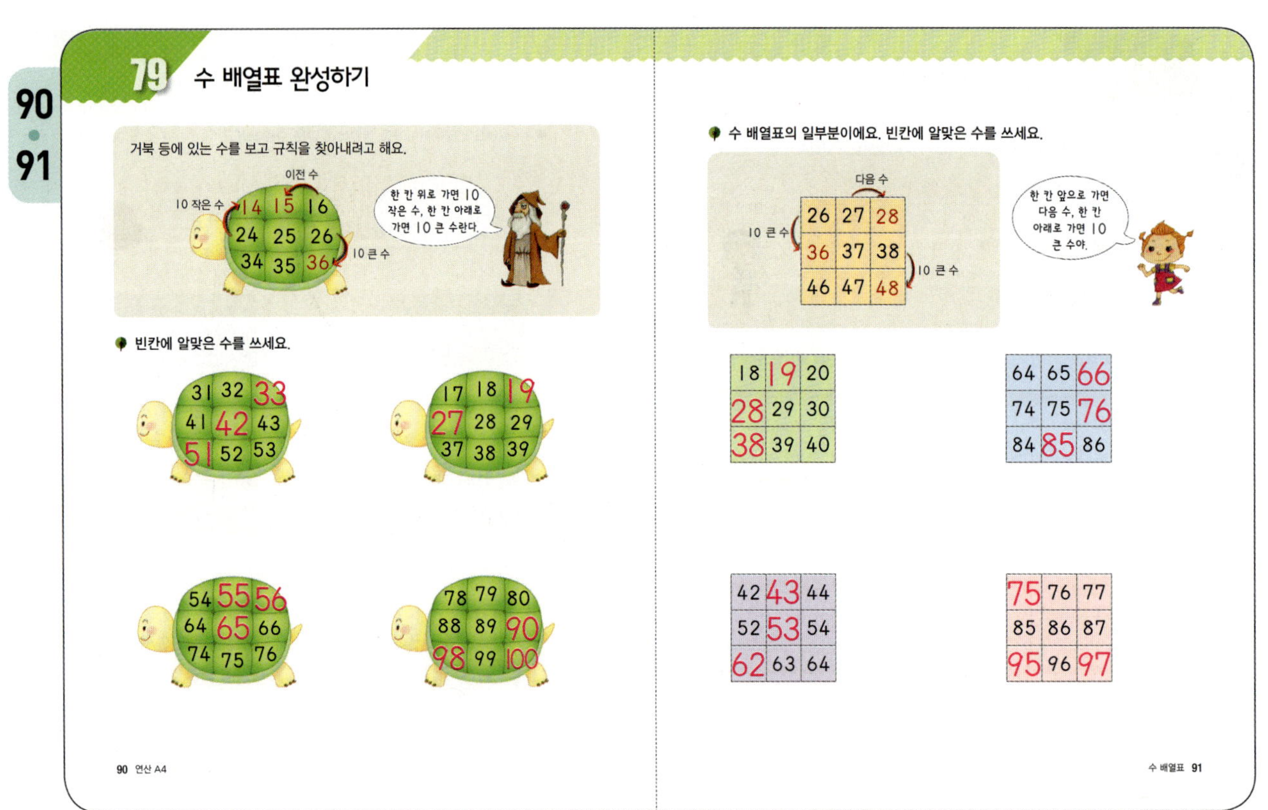

🌳 빈칸에 알맞은 수를 쓰세요.

31	32	33
41	42	43
51	52	53

17	18	19
27	28	29
37	38	39

54	55	56
64	65	66
74	75	76

78	79	80
88	89	90
98	99	100

🌳 수 배열표의 일부분이에요. 빈칸에 알맞은 수를 쓰세요.

18	19	20
28	29	30
38	39	40

64	65	66
74	75	76
84	85	86

42	43	44
52	53	54
62	63	64

75	76	77
85	86	87
95	96	97

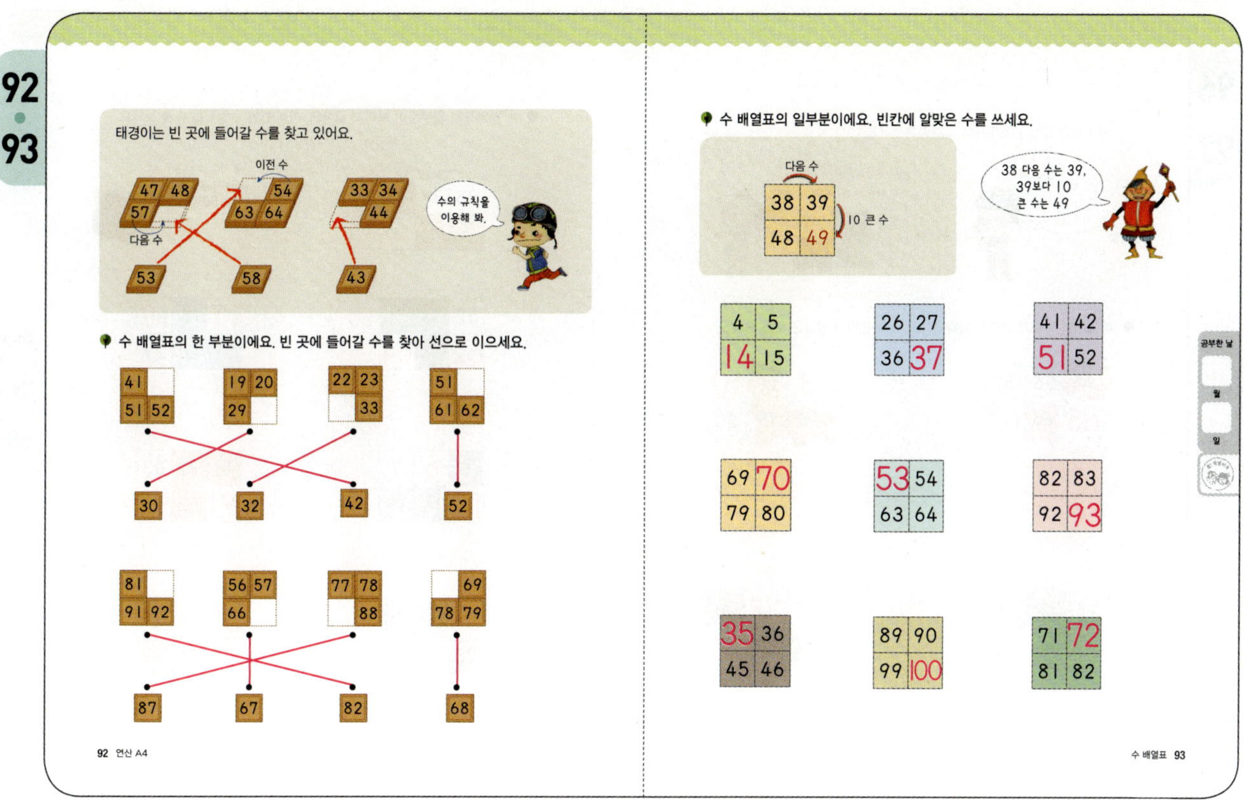
태경이는 빈 곳에 들어갈 수를 찾고 있어요.
이전 수
다음 수
수의 규칙을 이용해 봐.
수 배열표의 일부분이에요. 빈칸에 알맞은 수를 쓰세요.
다음 수
10 큰 수
38 다음 수는 39, 39보다 10 큰 수는 49
수 배열표의 한 부분이에요. 빈 곳에 들어갈 수를 찾아 선으로 이으세요.
92 연산 A4
수 배열표 93

80 수 배열표 규칙
지오와 태경이는 흰색 블록의 수를 알아보려고 해요.
흰색 블록의 수를 어떻게 찾지?
다음 수
10 큰 수
13 다음 수는 14, 14보다 10 큰 수는 24!
수 배열표의 규칙을 이용하여 흰색 블록에 알맞은 수를 쓰세요.
수 배열표의 규칙을 이용하여 빈칸에 알맞은 수를 쓰세요.
이전 수 이전 수
10 작은 수
위로 가니까 10 작아지고 왼쪽으로 가니까 1씩 작아져.
94 연산 A4
수 배열표 95

96 97

수 배열표의 수가 지워졌어요.

스케치북에 있는 수 배열표의 수가 지워졌어요.

수 배열표의 일부분이 보이지 않아요. 흰색 빈칸에 알맞은 수를 쓰세요.

수 배열표의 수가 물감에 지워졌어요. 흰색 빈칸에 알맞은 수를 쓰세요.

55 56 57 / 65 66 67

8 9 10 / 18 19 20

31 32 33 / 41 42 43

77 78 79 / 87 88 89

52 53 54 / 62 63 64

17 18 19 / 27 28 29

5 6 7 / 15 16 17

81 82 83 / 91 92 93

88 89 90 / 98 99 100

65 66 67 / 75 76 77

---

98 99

무엇을 배웠을까요

수의 순서에 맞게 빈칸에 알맞은 수를 쓰세요.

26 27 28 29 30　　85 86 87 88 89

수 배열표의 한 부분이에요. 빈 곳에 들어갈 수를 찾아 선으로 이으세요.

22 / 32 33　　43 44 / 53　　75 76 / 86　　85 / 95 96

85　23　86　54

수 배열표의 한 부분이에요. 빈칸에 알맞은 수를 쓰세요.

34 35 36 37 / 44 45 46 47

66 67 68 69 / 76 77 78 79

수 배열표의 규칙을 이용하여 흰색 블록에 알맞은 수를 쓰세요.

62 63 64 / 72 73 74 / 82 83 84

56 57 58 / 66 67 68 / 76 77 78

수 배열표의 한 부분이에요. 빈칸에 알맞은 수를 쓰세요.

23 24 25 / 33 34 35 / 43 44 45

68 69 70 / 78 79 80 / 88 89 90

수 배열표의 수가 물감에 지워졌어요. 흰색 빈칸에 알맞은 수를 쓰세요.

18 19 20 / 28 29 30

31 32 33 / 41 42 43

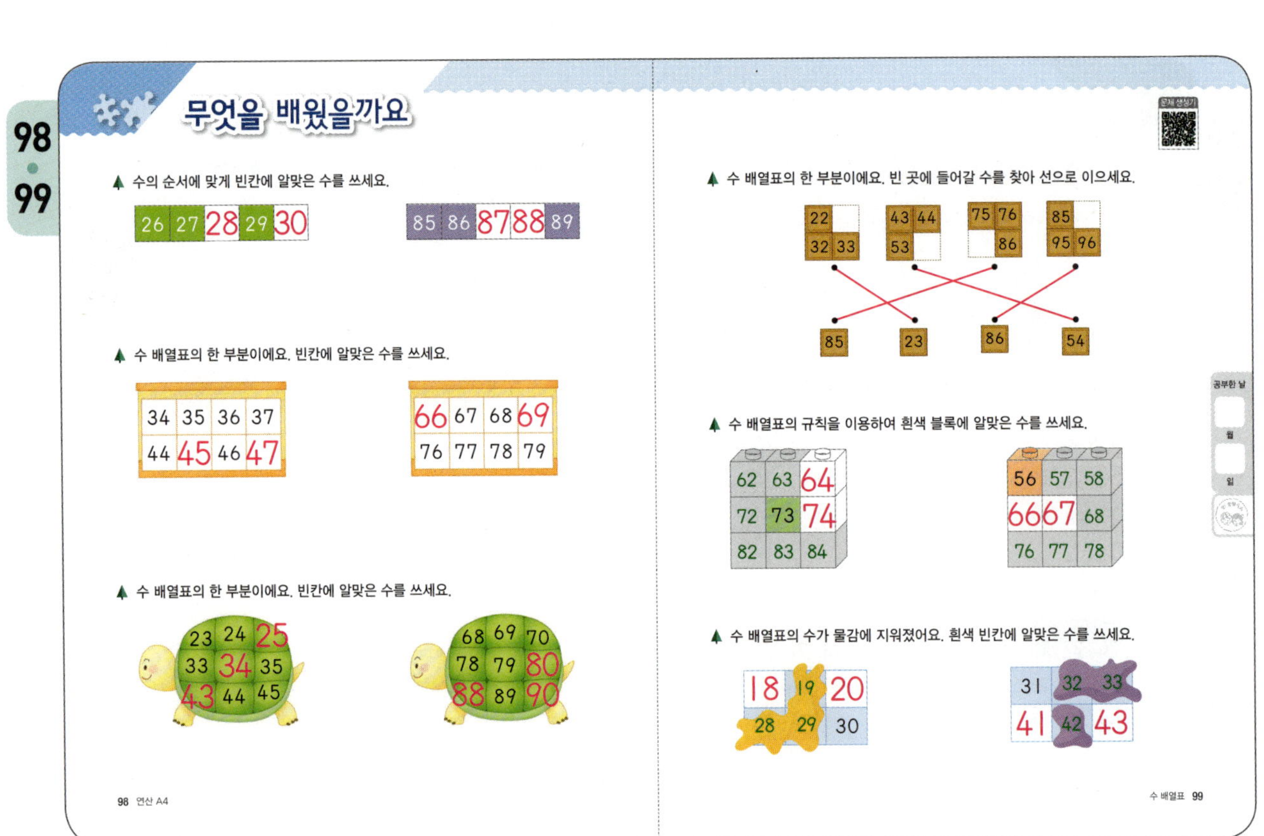

50까지의 수

관련 쪽수: 6~27쪽

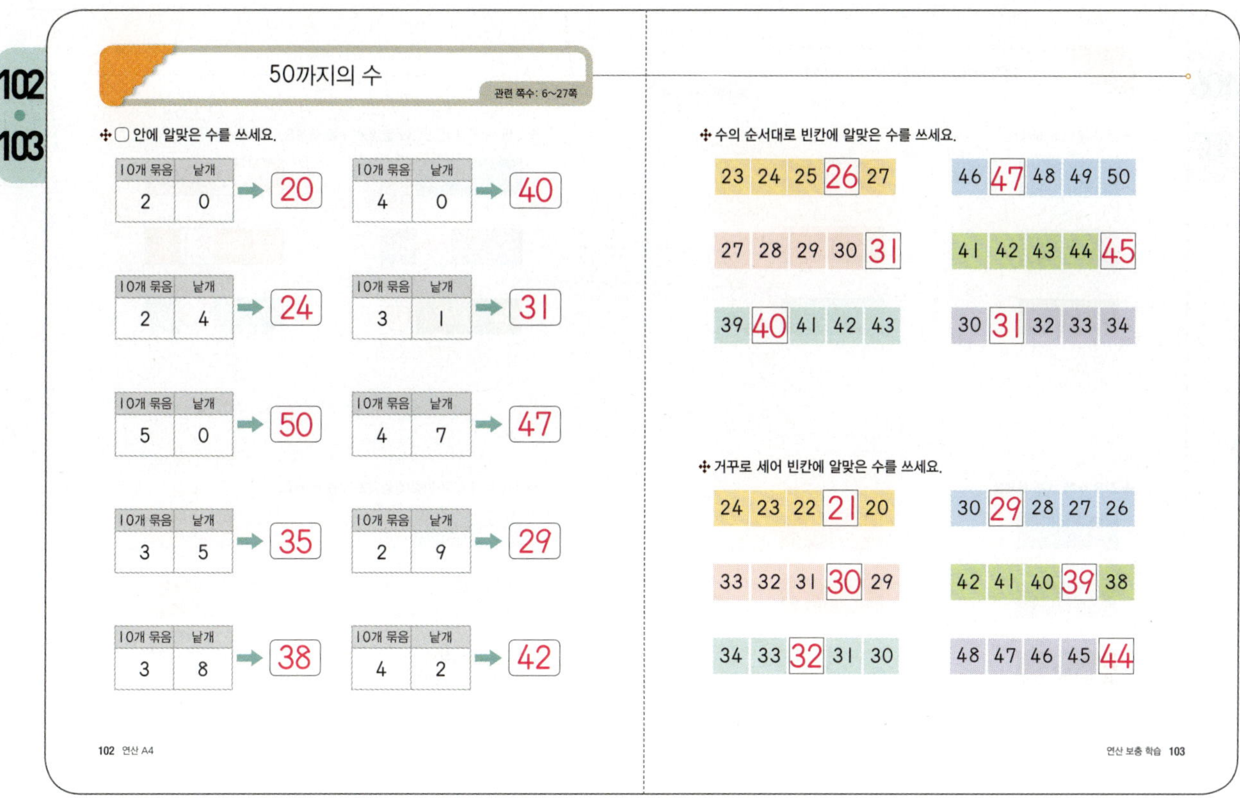

❖ ◻ 안에 알맞은 수를 쓰세요.

10개 묶음	낱개	
2	0	→ **20**

10개 묶음	낱개	
4	0	→ **40**

10개 묶음	낱개	
2	4	→ **24**

10개 묶음	낱개	
3	1	→ **31**

10개 묶음	낱개	
5	0	→ **50**

10개 묶음	낱개	
4	7	→ **47**

10개 묶음	낱개	
3	5	→ **35**

10개 묶음	낱개	
2	9	→ **29**

10개 묶음	낱개	
3	8	→ **38**

10개 묶음	낱개	
4	2	→ **42**

❖ 수의 순서대로 빈칸에 알맞은 수를 쓰세요.

23 24 25 **26** 27   46 **47** 48 49 50

27 28 29 30 **31**   41 42 43 44 **45**

39 **40** 41 42 43   30 **31** 32 33 34

❖ 거꾸로 세어 빈칸에 알맞은 수를 쓰세요.

24 23 22 **21** 20   30 **29** 28 27 26

33 32 31 **30** 29   42 41 40 **39** 38

34 33 **32** 31 30   48 47 46 45 **44**

100까지의 수

관련 쪽수: 30~51쪽

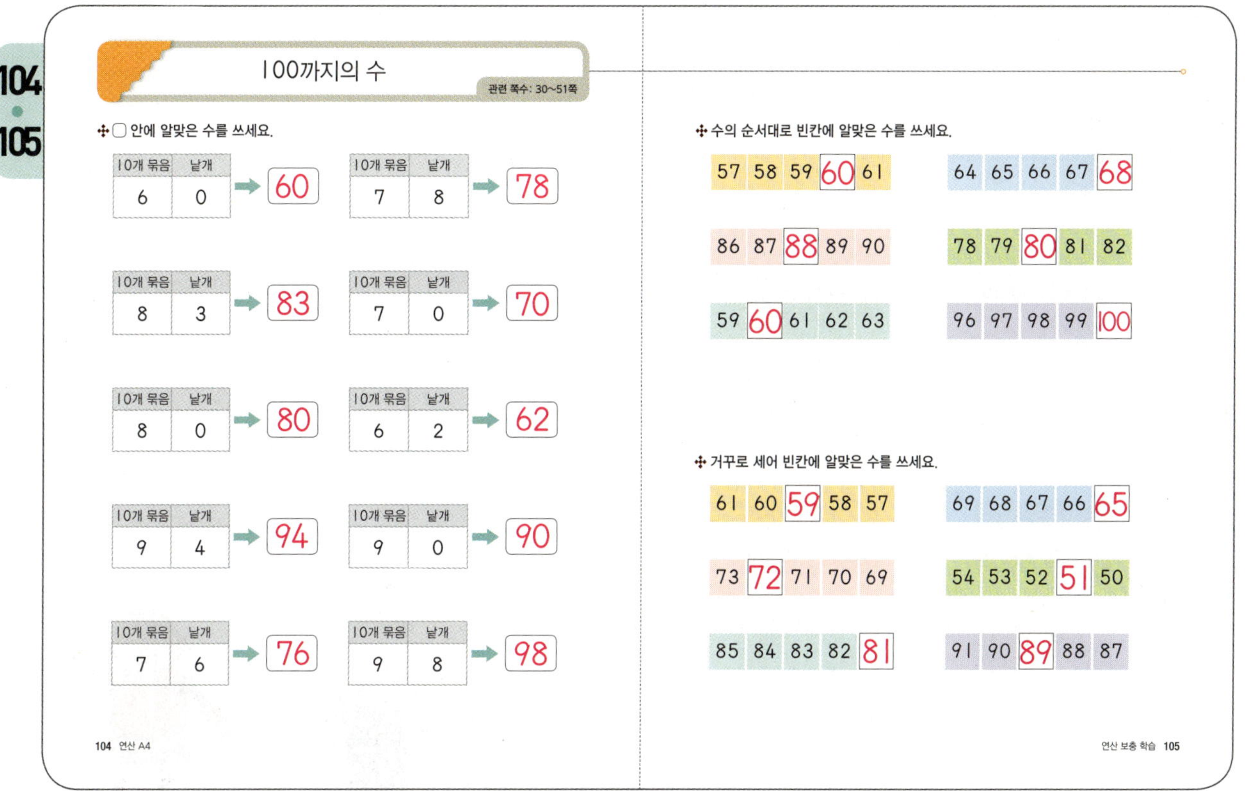

❖ ◻ 안에 알맞은 수를 쓰세요.

10개 묶음	낱개	
6	0	→ **60**

10개 묶음	낱개	
7	8	→ **78**

10개 묶음	낱개	
8	3	→ **83**

10개 묶음	낱개	
7	0	→ **70**

10개 묶음	낱개	
8	0	→ **80**

10개 묶음	낱개	
6	2	→ **62**

10개 묶음	낱개	
9	4	→ **94**

10개 묶음	낱개	
9	0	→ **90**

10개 묶음	낱개	
7	6	→ **76**

10개 묶음	낱개	
9	8	→ **98**

❖ 수의 순서대로 빈칸에 알맞은 수를 쓰세요.

57 58 59 **60** 61   64 65 66 67 **68**

86 87 **88** 89 90   78 79 **80** 81 82

59 **60** 61 62 63   96 97 98 99 **100**

❖ 거꾸로 세어 빈칸에 알맞은 수를 쓰세요.

61 60 **59** 58 57   69 68 67 66 **65**

73 **72** 71 70 69   54 53 52 **51** 50

85 84 83 82 **81**   91 90 **89** 88 87

106 · 107

100까지의 수 크기 비교

관련 쪽수: 54~75쪽

✛ 큰 수에 ○표 하세요.

35	(54)
(68)	63
(49)	38
55	(57)
99	(100)
(82)	74

✛ 작은 수에 △표 하세요.

(31)	37
43	(31)
(58)	60
(84)	92
54	(31)
100	(82)

✛ 2씩 뛰어 세어 빈칸에 알맞은 수를 쓰세요.

23	25	27	**29**
30	**32**	34	36
62	64	**66**	68
77	79	**81**	83
94	96	98	**100**
49	51	**53**	55

✛ 3씩 뛰어 세어 빈칸에 알맞은 수를 쓰세요.

30	33	36	**39**
22	25	**28**	31
53	56	**59**	62
82	**85**	88	91
65	68	71	**74**
76	**79**	82	85

108

수 배열표

관련 쪽수: 78~99쪽

✛ 수 배열표의 일부분이에요. 빈칸에 알맞은 수를 쓰세요.

| 21 | 22 | 23 | 24 |
| 31 | **32** | 33 | **34** |

| 56 | 57 | 58 | **59** |
| 66 | 67 | 68 | 69 |

| 32 | 33 | **34** | 35 |
| 42 | 43 | **44** | **45** |

| 47 | 48 | 49 | **50** |
| **57** | 58 | **59** | 60 |

| 51 | 52 | **53** | **54** |
| 61 | 62 | 63 | **64** |

| 77 | **78** | 79 | **80** |
| 87 | 88 | **89** | 90 |

| 26 | **27** | 28 | 29 |
| **36** | 37 | 38 | **39** |

| **65** | 66 | 67 | **68** |
| 75 | **76** | 77 | 78 |

| **51** | 52 | 53 | 54 |
| 61 | **62** | 63 | **64** |

| 72 | **73** | **74** | 75 |
| **82** | 83 | 84 | **85** |